FALLING UPWARD

上方への落下

人生後半は〈まことの自己〉へと至る旅

リチャード・ロール 著　井辻朱美 訳

ナチュラルスピリット

FALLING UPWARD: A Spirituality for the Two Halves of Life
by Richard Rohr

Japanese translation published by arrangement
with John Wiley & Sons International Rights,Inc.
through The English Agency (Japan) Ltd.

Falling Upward

目次

凡例

●訳者による本文中の補足は〔　〕で示しました。なお、（　）は著者によるものです。
●訳者による注釈は〔※〕で示し、注釈文はページ下部に配置しました。
●著者による注釈は〔1〕のように番号で示し、注釈文は巻末にまとめて配置しました。
●著者によって強調されている言葉は〈　〉で示しました。
●「『　』」のように括弧が入れ子状になってしまうものについては、「〔　〕」のように記述しました。

人生の第二段階と恩寵

訳者による前書き

Foreword

著者リチャード・ロールはニューメキシコ州のフランチェスコ派のカトリックの神父。１９８６年アルバカーキに「行動と観想のためのセンター」を設立し、創始者として指揮を執りつつ、二〇冊以上の著書を持ち、海外でも多く講演を行っています。

多くの賛辞が原書の表紙にちりばめられているのですが、何よりも第一の魅力は、カトリックという長い伝統のある組織の中で育ちながら、それを愛すると同時に内部批判の目を向け、心理学や物理学など新しい学問領域への目配りとすりあわせを行っていることでしょう。

〈統一場　Unified field〉という言葉もよく使われています。新しい学問の知見が指さす未来は、実は神の本来の宇宙を体現する場なのではないか？　そうした希望とともに、〈大いなる絵　Big picture〉という言葉で、わたしたちは大いなる曼荼羅の一部であり、全体というハーモニーの中で踊るべきなのである、とも語られます。

第二に印象的なのは、新たな学問領域とならんで、最も古い「神話」の語りに耳を傾ける姿勢です。この両輪が著者の主張をふくらませ、新しい神学的スピリチュアリティを支えています。

「神話」とは二〇世紀において文化人類学や民俗学、深層心理学の研究者がフィールドワークを行い、新たなメスを入れたことにより、従来考えられてきたような教訓や歴史の記述、あるいは自然界の比喩とも違うものであり、普遍的な、文字化しがたい叡智をはらんでいることが明らかになっています。多くの作家が、文学としての神話の再話・再生作業を試みる中で、ファンタジーという新たな分野も成熟していったのですが、一昨年亡くなったU・K・ル＝グウィンは晩年、特にこのあたりの古代人の心にさかのぼる作品を多く手がけ、『ラウィーニア』という、ヴェルギリウスの『アエネアス』を、異国人の妻としての立場から描いた作品では、宗教以前の「ヌーメン（怖れを伴う聖なる感覚）」に人々の心の拠り所を探っています。

本書でも冒険ファンタジー的な『オデュッセイア』（ホメロス）の読み解きに多くのページが割かれ、これも新たな角度として興味深いものでした。

第三には――カトリックの宗教家でありながら、伝統的な聖書解釈のドグマに異を唱え、「イエス」が自由な「愛の人」であった面に多く目を向けていることです（同じような立場のアントニー・デ・メロの『小鳥の歌』なども思いだされます）。イエスは社会のアウトサイダー、つまり遊女、取税人などと日々食卓を囲み、しかも相手が「正しいことを行う」かどうかよりも、「愛する人」かどうかを基準にします。放蕩息子の話をはじめ、多くの逸話に、イエスの卓越した魅力があらわれています。著者にとってイエスとは、正しく生きる人の手本ではなく、教会や修道院で教えられてきた倫理を乗りこえてゆく人（つまり神の子）です。

そもそも神学はそれが成立する段階で、イエスの教えではなく、むしろギリシア哲学を基盤に学問的な整合性が成立していったものなのです。

さてそれらを踏まえたうえで、人生には第一段階（前半生）と第二段階（後半生）がある、というのが本書の主張です。第一段階とは壮年期まで、と考えられがちですが、とりあえず自己を世間の中で確立し、仕事、家庭を築くという段階です。現代文明ではこの第一段階の成功こそが、生涯にわたって追究すべきものと考えられていて、永遠に自己拡大を続け、発展しつづけるべきだ、とされています。「生涯青春」の理想です。

しかし著者は、それはどこかで行き詰まる、と感じています。刑務所で聴聞司祭を長くつとめた経験も合わせ、人生には第二段階があるべきであり、それこそがほんとうの成熟への道とします。

しかし、その道は円満な隠居、世捨て人の道とは全然ちがうものです。言ってみれば、魂の強烈なV字回復の道でしょうか。現世の成功が、事業の失敗や病気やさまざまの躓きを機縁に失われ、そうしたものをつかんでいた自分を捨て、やむなく手を放してしまうと、「落下するかに見えて、実は上空へ投げ上げられる」というすごい仕組み（神の恩寵として語られています）について語っている本です。

そこで得られるものとは、まったき平和、一体感、喜び、ほほえみの交わしあいの愛。これを「上方への落下」と呼ぶのは、まことに穿《うが》っている気がします。

とはいえ、経験豊かな著者の主張は、第一段階の人生つまりエゴを確立する時期は絶対に必要だ、というものです。しかも、それには世間一般の規律や倫理、道徳、価値観などの縛りが必要です。厳しい両親、教師、世間の権威――そうしたものにしばし身をあずけ、自己鍛錬をすることで、それらの規則に疑問を抱き、それを破る力も得られます。

そうして新たな自己となって、大人としての人生の安定を得ます。

この過程をへないと、そもそも第二段階へ進むことができません。いわば、最初に既成の安定の中でグラウンディングすることが必要なのです。その必要性についても丁寧に本書は語っています。

そのうえで、大転回（転落や冥界下り）をへて、第二段階が始まります。失敗や挫折、侵犯などが、逆にわたしたちをスピリチュアルな成長の高みへと押し上げる……新生V字回復です。

普通の冒険物語では、故郷を捨て（ざるを得ず）、裸一貫で旅をし、冒険をして、功を立て、ひとかどのものになり、故郷に凱旋します。それで十分なV字回復のように見えます。けれども、本書にあがっている『オデュッセイア』では、イタケ島に帰ってきたオデュッセウスにさらなる、謎めいた旅への召命が訪れるところで終わっています。

それも含め、このV字回復は「召命」（神の側からなされる）であるとされています。現代においてキリスト者として生きることは、「獲得」ではなく「ゆだね」の要素を人生にとりもどすことなのです。

そのあたりの美しい機微も本書の魅力と言えましょう。

なお本文中の聖書の翻訳には、聖書協会共同訳の『聖書』（日本聖書協会、2018）を最新のものとして用いました。

井辻朱美

The greatest and most important problems of life are fundamentally unsolvable. They can never be solved, but only outgrown.
—CARL JUNG

First there is the fall, and then we recover from the fall. Both are the mercy of God!
—LADY JULIAN OF NORWICH

To the Franciscan friars, my brothers, who trained me so well in the skills and spirituality of the first half of life that they also gave me the grounding, the space, the call, and the inevitability of a further and fantastic journey

人生最大の重要問題の数々は、そもそも解くことが不可能だ。
それらは解くべきものではなく、
それを超えて成長してゆくべきものである。
カール・ユング

最初に転落があり、その転落からの回復がある。
いずれも神の恩寵である。
ノーウィッチのレイディ・ジュリアン

わが兄弟なるフランチェスコ会の修道士たちに捧ぐ。
あなたがたに、前半生の人生にふさわしい技術やスピリチュアリティを
学ばせてもらったおかげで、わたしはグラウンディング、ゆとり、召命、
そしてさらなるすばらしい旅が不可避であることを知ったのである。

The Invitation To A Further Journey

さらなる旅への招待

人生の第二段階への旅は、わたしたち全員を待っています。だれもがその段階に到りつくわけではありません。みな年を取ってゆきますが、その速さには差があります。「さらなる旅」は、ある理由で、堅く守られてきた秘密です。旅があるなどと知らない人も多いのです。旅の存在に気づき、それについて語り、あるいはそれが人生の前半生の旅とは違うものだと知る人は、ごくわずかです。ではなぜ、わたしはこの道について、少しでも語ろうとするのでしょうか。自分に語るべき何かがある、となぜ思えるのでしょうか。しかもまだ、前半生の旅の途上にあり、それを楽しんでいる人たちに向かって、なぜ本書を書かねばならないのでしょうか。

わたしが執筆に駆り立てられたのは、フランチェスコ会派の教師として、四十年間、多くの場で、多くの宗教の集会で、多くの国や組織、機構で仕事をしてきて、すべてがとは言わないまでも、ほとんどの人や施設が前半生の課題に汲々としたままであると気づいたからです。それはどういうことかと言うと、ほとんどの人は、自分固有の（あるいは優越した）アイデンティティを確立すること、自分のなわばりの安定を求めること、そして重要と思われる人やプロジェクトと関係を結ぶことばかりを考えているように思えるのです。そうした仕事はある程度、有意義ですし、必要でもあります。わたしたちはみな、ギリシアの哲学者アルキメデスが「梃子と支点」と呼んだものを手に入れ、世界の中でいささかの活動をしようとしています。この前半生の重要な課題が果たされていなくては、世界はうまく回っていきません。

しかし、わたしの考えでは、この前半生の課題は、ただ出発点を見いだすに過ぎないものです。ウォーミングアップであり、旅全体は始まっていません。とりあえず筏《いかだ》にのった状態ではありますが、岸辺に上がれたわけではないのです。さらなる旅があることを知れば、このウォーミングアップの仕事を違うやりかたで行うことができ、そうすればその後の作業への準備も整うでしょう。いま現在何歳であろうと、人は生涯全体を視野に入れ、それがどちらへ向かうものかを考えに入れねばなりません。

このさらなる旅については、すでに後半にいる先達からの明確な呼び声があり、そこへ導いてくれる聖俗両方の書物があり、またこの新たな領域に足を踏み入れた人たちを観察してわかることがあり、また悲しいことに、そちらへの移行ができなかった人の例も見ることができます。さらなる旅は、一見、誘惑的な旅、約束、希望の旅のように見えます。わたしたちはみな、その旅へと呼ばれてはいますが、命令されて行くのではありません。なぜなら、この道はだれもが自由にたどるべきもの、自分独自の人生の混沌とした生々しい素材を元にたどるものだからです。けれどもそれは義務ではなく、一人きりでなしとげねばならないものでもありません。案内の標柱があり、共通するパターンがあり、まったく新しいさまざまなゴールがあり、いくらかの警告もあり、この旅には個人的なガイドもついていたりします。わたしは本書で、それらすべての役割を少しでもこなしたいと願っています。

これらの源泉《ソース》や体験の蓄積によって、わたしは、前半生の旅の地図と合わせて、さらなる旅の土地の地図を記してみたいという勇気と望みを抱きました。特に必要と思われる越境（境界を踏み越える）地点を記してみたいのです。各章のタイトルを見ていただければわかりますが、たいていの越境の地点を、わたしはある種の「必要な苦しみ」の地点と考えており、そこでは何度も石につまずき、影とのシャドウ・ボクシングを行いつつも、「自分自身」になりたいという、身を噛むような欲求、さらなる何かを求めたい気持ち、あるいはわたしが「郷愁」と呼ぶものを味わうことになります。

この地図が真実であることをわかっていただきたいとは思いますが、それは「今は、鏡におぼろに映ったものを見ています」（「コリント人への第一の手紙」13章12節）というレベルの魂の真実です。しかし、その鏡は同時に「まばゆく見せてくれる」鏡でもあります。わたしたちがのぞきこむ鏡はすべて、わたしのような人間の手で作られたものです。あらゆるスピリチュアルな言語は、比喩やシンボルにならざるを得ません。光は別のところからやってくるのですが、それは、みずからの旅路をたどっているわたしたちの鏡に映し出されるのです。最近、ケープタウンへの旅で、デズモンド・ツツが「リチャード、われわれは光のバルブにすぎない。われわれの仕事はそれをひねって開けつづけることだね」と言ってくれました。

神はわたしたちに、魂、深奥のアイデンティティ、〈まことの自己〉〔1〕、わたしたち自身の「無原罪の宿り」の際の独自のブループリントを与えられたと、わたしは信じています。おのおのの天国的な部分は、造られたそのときに、製造者によって製品の中にインストールされたのです。わたしたちは長い歳月をかけてそれを発見し、選択し、その運命を完全に生ききるのです。もしそうしなければ、わたしたちの〈まことの自己〉は、それぞれの個人独特の形としては、二度と与えられないでしょう――だからこそ、ほとんどすべての宗教の伝統はこのことを、「天国」「地獄」という重要な言葉で示しています。わたしたちの魂の発見こそ最優先すべきものであり、自分にとっても世界にとっても後回しにできない重要事項なのです。わたしたちは自分の魂を「こしらえたり」「創造したり」するのではなく、ただそれらを「大きく」成長させてゆくのです。わたしたちは目覚めているべきであり、スピリチュアリティの仕事の大半は、この自然な成長と覚醒から自分が、いったいなぜ離れたままになっているのか、その状態のわけを学ぶことなのです。わたしたちは、「キリストと共に神のうちに隠されている」(「コロサイ人への手紙」3章3節)。この根源的な命に立ち戻るためには、多くのことを忘れ、また学んだことを捨てさらねばならないようです。そう、変容とは、学ぶというよりも学んだことを忘れることであり、宗教的な伝統では、それは「転向」あるいは「悔い改め」と呼ばれています。

わたしにとって、このことをまさに文字通り比類なく完璧に表現してくれた詩人は、ジェラルド・マンリー・ホプキンズです。彼のドゥンス・スコトゥスに触発された詩『漁夫王が火を捕らえたとき』〔2〕はこんなふうです。

定命のものはすべてただひとつの同じことをする
屋内に住む存在を外に出そうとするのだ
それは自己――みずからが外に出て、語り、文字をつづり

これがわたしだ、このためにわたしは来たのだ、と叫ぶために

わたしたちがこれに対して返せるもの、神がわたしたちから求めておられるものは、ただ、与えられた製品・産物——すなわちわたしたち自身——をつつましく誇らしくお返しすることだけです。聖者や神秘家の言葉を信じるならば、この最終的な産物は、自分で思う以上に、神にとっては価値あるものなのです。この神秘がなんであれ、わたしたちは公明正大な取引をしています。まことの宗教とはつねに、そんなことはありえない、と全力で否定し、目を背けようとしても背けきれない直感、自分が何か最善のものに参加し、あずかっているという直感です。実際、近代神学の最上のありかたとは、「その参与へとひたすら向かう気持ち」を表にあらわすことです。それは従来の単なる観察、賛同、倫理、あるいは集団への帰属感を求める宗教とは反対のものです。わたしたちは何かに新たに加入する必要はなく、ただ積極的参与者として、認知し、味わい、楽しむだけです。あなたはすでに、キリスト教徒が三位一体の聖なる生命と呼ぶ永遠の流れ（フロー）にあずかっています。

わたしたちが〈まことの自己〉を見つけるかどうかは、それぞれに与えられた時間の

瞬間、瞬間にかかっています。つまりそれぞれがその時間の中で受け取り選択する「自由な瞬間」しだいです。人生とは、瞬間瞬間の蓄積が生み出す「重要な一瞬」であり、見る準備さえ整っていれば、その「一瞬」の中に、より深い「わたし」がゆっくりと姿をあらわしはじめます。自分の魂の記述そのものである、内なるブループリントをしっかりと把持し、それを愛と奉仕によって、世界と神につつましくお返しすることこそ、究極の仕事なのです。すべてのもの、すべての人は、いかなる努力を払っても、その本来の資質を十全に発揮して生きねばなりません。それが人生の目的であり、「自然の法則」の最奥の意味です。わたしたちがここにいるのは、最初にいただいたもの——今やそれに個人的な情報が書き加えられたもの——を完全に、そしてみずから進んで、お返しするためです。それはわたしたちにとってもっとも勇気の要る、自由な行為で——それを十二分にはたすには第一の人生、第二の人生の両方が必要です。前半部はそのシナリオを発見するためであり、後半部は実際にそれに従って魂に書き込み、自分のものとするためです。

さあ、偉大な冒険への準備をしましょう。あなたは、まさにそのために生まれてきました。わたしたちが分かち持つ天国のほんの小さな端っこにでも達することがなければ、人生は意味がなく、自らの「地獄」を造りだしてしまったことになります。ですから、新たな自由、危険を伴う許可、どこから来るともしれない希望、思いがけない幸福、つまずきの石、圧倒的な恩寵、そして自分自身および、この苦しみのさなかにある世界に対する、新しい重大な責任に向かって旅立つ準備をしてください。

Introduction

前書き

若人にとっての正常なゴールは老人にとっては神経にさわるものになる。

カール・ユング

賢人とは決して、より若くなりたいとは願わないものだ。

ネイティブ・アメリカンの知恵

人生には少なくとも二つの大きな課題があり、いくつかのレベルにおいて、その事実にはしっかりした証拠が示されています。第一の課題とは、強い「器」というかアイデンティティを作ることであり、第二の課題とは、その器に入れるべき中身を見いだすことです。第一の課題をわたしたちは人生の当然の目的とみなしますが、だからといって、それがうまくやれるわけではありません。第二の課題は、こちらが探すというより、向こうからやってくるものです。あらかじめ計画や目標を立て、情熱的に、これをつかみとる人はほとんどありません。ですから、まだ自分に訪れてきていない時期についてのガイダンスを求めることに意味があるのか、と思われるかもしれません。けれども、それはまさに必要なことなのです。何がやってくるのか、万人に対して何が提供されるのかを知っておくことは、このうえなく大切です。

わたしたちは「前半生の文化」を持ち、それは生存競争に勝ち残ることを主体にしています。おそらく歴史上のほとんどの文化や個人は、現在にいたるまで前半生の発展の途上にあるのでしょう。なぜなら、そのためにのみ時間を使ってきたからです。わたしたちはみな、目前の課題と思われること、すなわち自らのアイデンティティや家庭、親類関係、友人関係、社会生活、安全な生活、そして唯一の人生にとってふさわしいプラットフォームを確立することに力を注いでいるようです。

けれども「課題の中の課題」とわたしが呼ぶものを発見するには、もっと長い時間がかかります。自分が何かをしているとき、ほんとうは何をしているのかを知るという課題です。ふたりの人間が同じような仕事をしているとき、一方はその仕事をするさいに微妙な形で、あるいは微妙ではない形でエロスのエネルギーを働かせており、もう一方は微妙な形で、または微妙ではない形でネガティブなタナトスのエネルギーを働かせています。まったく同じ仕事内容であってもです。思うに、その両極の間のどこかに、わたしたちは位置しています。

わたしたちは人の言葉や行動そのものよりも、そのエネルギーに対して反応しています。いかなる状況においても、あなたがしていることは、まさしくエネルギーのやりとりなのです。だれでもお互いの違いを感じとり、あるいはそれを我慢したり、楽しんだりしますが、実際に何が起きているか、わかっている人はほとんどいません。なぜわたしは惹きつけられたり、いやだと感じて遠ざかったりするのか。お互いどうしに望んだり、相手に求めたりしているのは、そう、この「エロス」というエネルギーです。エロスはつねに惹きつけ、創造し、物事どうしを結びつけます。

これこそイエスが「このように、あなたがたはその実で彼らを見分ける」(「マタイによる福音書」7章20節)と言われたことなのです。生命のエネルギーの中にいれば、ある集団や家族は生産的であり、エネルギッシュですが、死のエネルギーの中では、ゴシップやシニシズム、不信がすべての相互作用の背後に隠れています。けれどもあなたがたはたいてい、何が起きているか、はっきりとはわかっていません。それがわかるのは後半生の叡智というか、聖パウロが「霊を見分ける力」(「コリント人への第一の手紙」12章10節)と呼んだものによってです。おそらく本書はそうした「見分け方」と智慧を学ぶ場となるでしょう。それがわたしの望みです。

「課題の中の課題」に注意を払い、そこに統合性を見出そうとしはじめたとき、わたしたちは前半生から後半生に移行しはじめます。統合性とは、意図の純化および、ほんとうの動機の正確な認知と大きく関わっています。それは難しい作業です。わたしたちはたいてい、外なる課題における転落や失敗を味わうまでは、この内なる課題に注意を払おうとしません。このパターンは、わたしにとってもまだ理由ははっきりわかりませんが、避けがたい真実です。

人生は、わたしたちがそれに正直に向き合ってみると、喜ばしい成長と達成に混じる多くの失敗や転落から成っています。繰り返される転落には意味があります。文化や教会は、まだその意味をつかみかねています。ほとんどの人は失敗に心を乱し、当惑しますが、必ずしもその必要はありません。わたしの観察したかぎりでは、わたしたちが共通の物事の流れ、人生の諸段階、そして人生の描く弧の方向をもっと明確に見きわめれば、多くの実際的な問題やジレンマは解決できます。それは旅そのものを避けられるという意味ではありません。だれでも人類という〈大いなる絵〉にいたりつくまでは、自分で歩き続けねばなりません。

本書はただ「旅のヒント」、つまり一種の道案内図と呼んでもいいかもしれません。あるいは、将来の心臓発作の徴候を告げる医学的な小冊子のようなものかもしれません。読んでも時間のむだと思われるような時期に読んでおけば、心臓発作が起きたときに生死の境が分かれるかもしれません。わたしが思うに、心臓発作（これはもちろん象徴的な意味です）はともかく、後半生は必ずやってきます。

わたしが、あなたがたは後半生に入ってゆくのだと言うのは、厳密に時系列的な意味ではありません。若いころから苦しみを通じて多くを学んだ人の場合は、若い人でもすでにその段階に入っており、年配でもまだ子ども時代にいる人もいます。あなたが時系列的にも精神的にも、まだ前半生にいるとすれば、本書は良い導き、警告、限界、許可、そして多くの可能性を与えてくれるでしょう。あなたがすでに後半生にいるとすれば、本書は少なくとも、あなたの頭がおかしくはないことを保証し、あなたの旅路に大きくふくらんだパンを与えてくれるでしょう。

だれもスピリチュアルな成熟段階へ、自分だけの力で入ってゆくことはできませんし、完全な自由意志でそうするのではありません。「神秘」に導かれるのであり、信心深い人はそれを「恩寵」と呼びます。ほとんどの人はそこに誘いよせられてゆくか、あるいは、信じようが信じまいが、ある種の「侵犯」によってそこに落ち込んでいきます。ヤコブは策略で自分の相続権を得、エサウは失策によってそれを失います（「創世記」27章）。完全に旅を歩き通す人は、聖書において「召命を受けた」「選ばれた」と考えられています。世界の神話や文学において、それは「運命」「宿命」と呼ばれるものでしょうが、いずれによせ、彼らは「より大いなるもの」への深い招待の声を聞き取って、恩寵と勇気によってそれを手に入れようと旅立ったのです。ほとんどの場合は、そのことを周りから承認されず、自分が完全に正しいという確信も得られません。旅立ちは、信仰による跳躍、もっとも深い意味でのリスクでありながら、冒険でもあります。

なじんだものや習慣になっているものは、偽りの安心感を与えてくれるので、ほとんどの人はそこにずっと腰を据えようとします。新しいものとは、そもそも定義からして、なじみがなく保証がないものなので、神や人生、運命、苦しみがわたしたちに——たいていは大きな一押し——を与えてくれなければ、わたしたちは旅立とうと思いません。故郷とはそこに安住するべきものではなく、そこから旅立つべきものである、と、だれかがはっきり告げてくれなければなりません。

わたしたちのほとんどは、なじんだ既知の場所から、新たな旅へ発つべきだと、誰からも言われたことがありません。教会を含む組織や世間の期待はおおむね前半生の課題に向かわせ、励まし、それを賞《ほ》めたたえ、価値を与えます。それは残念かつ衝撃的なことではありますが、真実だと認めざるを得ません。わたしたちは豊かさよりも勝ち抜くこと、ひたすら「突破する」か、頂点を目指すことを目指しています。頂点とは何か、底辺とはいったい何かを考えようとしません。アメリカの修道士であるトマス・マートンが言うには、わたしたちは成功の梯子を一生上りつづけて、最上段についたときに初めて、梯子をたてかける壁がまちがっていたことに気づくのです。

前半生を生きているほとんどの人は、必ずしもすべてがうまく回っているのではないように感じていますが、その感覚は正しいのです。自力で立つことは要らないのです。家を建てるには良い基礎工事と土台が必要だと言われますが、家の上階に実際の「生きる」部屋〔リビング〕を、そして台所や官能的な寝室を作る必要性については、なんの計画もヒントも与えられていません。礼拝堂については言うにおよばず、です。万人がと言わないまでも、ほとんどの人が第一段階の生存のための煉瓦やモルタルを積もうとしていますが、わたしが、生命の「統一場」と呼びたいものにまで達することはありません。賢明な導き手であるビル・プロトキンは、多くの人間が「生存のダンス」を学ぶけれど、ほんとうの「聖なるダンス」にいたりつくことはないのだと言っています。

上る道と下る道

魂には多くの秘密があります。それらは求めるものにのみ明かされますが、決して無理強いされることはありません。堅く守られてきた秘密のひとつでありながら、いまだ平凡な目には隠されている秘密は、「上る道は下る道である」ということです。あるいは「下る道こそ上る道である」と言ってもいいでしょう。自然界のあらゆる局面で、このことは明らかです。季節の変化や、地球の構成物質から、太陽が毎日燃やして光に変え、地球を温めてくれている六〇〇万トンの酸素、ダイエットや断食における代謝の法則にいたるまで。下降から上昇にいたるパターンは、神話においても変わりません。ペルセポネーが冥界に下ってハデスに嫁することで初めて、春が再生するのです。

伝説や文学においては、何かを犠牲にして何かを達成することが、ほぼ唯一のパターンのように思われます。ファウスト博士は力と知識を得るために、悪魔に魂を売ります。「眠り姫」は百年眠りつづけることで、王子のキスを受けます。聖書においては、ヤコブが天使と格闘し傷つくことによって、イスラエルになった（「創世記」32章26－32節）のであり、イエスの死と復活がキリスト教を生むために必要でした。喪失と再生のパターンはいたるところに見られる当たり前のパターンであり、いまさら秘密と呼ぶまでもないでしょう。

けれどもこれがいまだに秘密であるのは、わたしたちがこれに目を向けたがらないからです。下降だと思えるような旅を始めたくはありません。特に上昇に多くの苦悩と怒りを注ぎ込んだあとでは。これこそ、なぜ多くの人の人生が完全に花開かないでいるかについての、何よりも大きな理由です。前半生での達成と見えるものが、剥がれ落ちるか、どこか欠けていることがわかって初めて、わたしたちは先へ踏み出すことになります。そうでなければ、先へ行きたくはないでしょう。

ふつうは、仕事、財産、名声を失ったり、だれかの死を体験したり、家が流されたり、疫病が流行ったりします。このパターンは明白なのですが、ここでもっとがんばるか、あるいは考えるのを怠るかすることで、この先の学びを見逃してしまいます。このことはスコット・パークの主著でベストセラーの『旅されることの少ない土地』によく示されています。彼は一度わたしに向かって、直接こう言ってくれたことがあります。

西欧の人々はスピリチュアルの面では実に怠慢だ、と。怠慢なので、先がどこにもつながらないにせよ、いまいる道にとどまろうとします。これは熱力学の第二法則〔エントロピー増大則〕を、スピリチュアルに語ったものです。つまり外力があおらないかぎり、万物は静止してしまうというものです。まことのスピリチュアリティは、「外力」と呼んでもよいでしょう。驚くべきことに、それは「内側」に見出されるのですが、この話は後でしましょう。

ある種の転落、わたしが本書の先のほうで、「必要な苦しみ」と呼びたいものが旅の中にプログラムされています。すべての源泉的な書物がこれに触れています。たとえば始まりのアダムとイブですが、そこにすべてが語られています。そう、彼らは「罪を犯し」て、エデンの園から追放されましたが、このことから「意識」や良心が生まれ、先への旅が始まったのです。けれどもすべては侵犯から始まりました。あなたが聖なる物語になじみがあれば、ふたりが林檎を食べたことは驚くにはあたりません。神さまが、特にこれこれを食べるなと言われるやいなや、ふたりが食べることは明らかです。これが、わたしたちが自分自身を見出す物語のすべてのストーリーラインを生みだします。

苦しみや失敗がいつなんどき起きるかもしれない、というのとは違います。あなたが悪い心を起こしたときにそれが起きる（宗教的な人はよくそう考えます）のでもなく、不運な人に起きるのでもなく、どこかの誰かさんに起きるのでもなく、巧妙に立ち回ったり正義に立脚したりしていればそれが避けられるというものでもありません。それは、ただ、あなたに起きるのです。喪失、失敗、転落、罪、そしてそうした事柄から来る苦しみ――それらすべては人間の旅の必要にして良き一部なのです。わたしのお気に入りの神秘家ノーウィッチのジュリアンが中世英語で「罪とはbehovely〔有意義の意味〕」だと言っています。

あなたは罪や過ちを避けることはできません（「ローマ人への手紙」5章12節）が、それに過剰に反応しすぎると、さらに大きな問題を生んでしまいます。イエスは取税人とパリサイ人の話（「ルカによる福音書」18章9－14節）や、放蕩息子の話（「ルカによる福音」15章11－32節）のようなものを好まれました。そういう話の中では、ひとりの登場人物が完全に正しい立場を取っていますが、実はそれが間違っており、別の登場人物は完全に誤っているのですが、最終的にはそちらが神に愛されるのです。さあ、これで心を安らかにしてください。イエスはまた、このつつましい驚きを否定したり避けようとしたりする二種類の集団があると言っておられます。ひとつは「たいそう裕福」な人たちであり、ひとつは「たいそう信心深い」人たちです。この二種類の人たちは、まったく違う人生計画を持っており、周到に旅程を選ぶことによって、自分の船の舵を取ろうとしています。「上る」ことを選び、「下る」のを避けるために、二種類の違った方法を採用しています。

こうした「いったん下った後に上る」見通しは、わたしたち西欧の進歩哲学にはそぐわないし、上昇志向にも、完璧や聖性をめざす宗教的観念にもなじみません。「そんなことは、少なくともわたしにとっては起こらないでいてほしい」とみんな言います。けれど悔悟の伝統——ときに叡智の伝統と呼ばれますが——では、それはいまも将来も真実である、と述べられています。聖アウグスティヌスはこれを神秘の向こう側へ超えてゆく（つまりヘブライ語の「pesach（乗りこえる）」という言葉を使って）と言っています。

今日では、さまざまの比喩を使うことができます。エンジンの逆回転、戦略のよぎない変化、自ら設計した乗り物から落ちること、などと。だれもこの転換を意識的には選んでいません。ひとりでにそこに「落ち込む」のです。自分の優越を保つシステムを周到に運営しすぎている人は、そもそもそんな転換を認めようとしません。しかし、それは自分が自分に何かをすること以上に、外側からあなたになされるのです。ときにまったく宗教的でない人たちのほうが、こうした変化に対して、戦略的に開かれています。宗教的な人たちは自分の救済プロジェクトをすべて試し尽くしているので、打つ手がありません。だからこそわたしはイエスの謎めいた言葉「この世の子らはその時代に対しては、光の子らよりも、自分の仲間に対して賢く振る舞っているからだ」(「ルカによる福音書」16章8節)は、それをさしているのだと思います。この悲しい真実を否定するような、かたくなで怒りに満ちた昔ながらのキリスト教徒や牧師にはたくさん出会ってきましたが、これはあらゆる宗教において真実である、と思われます。彼らが、真の人格の変容に導かれないかぎり。

わたしは本書で、この落下と上昇のメッセージが、ほんとうは世界のほとんどの宗教、特にわれらのキリスト教を含む宗教において、直感のもっとも対極にあるメッセージだ、と言いたいのです。わたしたちは、正しくやることよりも、過ちを犯すことによって、よりスピリチュアルに成長するのです。そのメッセージの核心とは、スピリチュアルな成長がいかにして起き、しかもわたしたちの中の何かがそれを信じたがらないのだ、ということです。わたしはそれこそ、「原罪」という、今でも残っている観念の唯一の意味だと思っています。軟膏の中には最初から蝿が一匹いたようです。しかしキーとなるのは、この蠅に気づいてそれとどう共生するかを考えるほうが、軟膏全部を捨ててしまうよりもよい、ということです。

もしも人間に完全ということがあるとしたら、それはいたるところに、特に自分の中にある不完全さをどう扱うのか、そのやり方から、生じてくるのだという気がします。つつましく真摯な思いを持つものだけが見つけられる場所に、神は賢明にも聖性を隠したのです。「完全な」人間とはむしろ意識的に不完全を赦し、認める人であって、自分が不完全性から完全に脱却した、と信じる人ではありません。声に出して言ってみれば、これが自明なことだとわかるでしょう。実際わたしは、完全を求める気持ちこそ、善の最悪の敵だと言いたいのです。完全とは数学的というか聖なるコンセプトで、善というのはわたしたちすべてを包みこむ人間性の美しいコンセプトです。

自分の苦しみを認めず、転落の必要性を認めないので、多くの人は自分のスピリチュアルな深みに下りてゆくことができず――それゆえ、スピリチュアルな高みにも上れずにいます。前半生の宗教はつねに、さまざまな純粋性のコード、すなわち「汝はしてはならぬ」コードによって、わたしたちを上へ、純粋で、清潔な、みんないっしょ、というところへ引き上げて行こうとします。ボーイスカウトやガールスカウトの運動のようです。ある種の「純粋」さと自己を律する気持ちは、少なくとも前半生においては「behovely〔有意義〕」です。ユダヤ教のトーラーがみごとに示しているように。わたし自身、優良なボーイスカウトで、カトリックの熱心な信者でもありました。わずか十歳のとき、朝六時のミサに間に合うように自転車を飛ばして駆けつけていました。あなたも、当時のわたしのように、それはすばらしいことだ、と思うでしょう。

けれども不完全を通じて、下降から上昇にいたる道は、だれも望まず、求めず、そんなものがあるとも思わないのですから、まず「聖なる啓示」の権威あるメッセージに耳を傾けてみましょう。イエスは次のことを中心公理とされました。最後尾のものこそが、先頭へと向かう、最先鋒であり、先頭になろうといたずらに時間を費やすものは決してそうなることはできない、と。イエスは何カ所かで、そして多くの寓話ではっきりとそう言われていますが、いまだに前半生の旅の途上にいるものは、それを聞くことができません。西欧の歴史の多くを見れば明らかなように、それは宗教的な言葉のあやに過ぎないと考えられています。このメッセージへのわたしたちの抵抗は非常に大きく、キリスト教徒の間でも、即刻、払い下げとなりそうです。人間のエゴは、転落や変化や死以外なら、なんでもいい、と思っています。エゴとは、あなたの一部、たとえそれが功を奏していないとしても現状維持を求め、愛する一部です。それは現在と過去に執着し、未来を恐れます。

あなたが前半生にいるときには、いかなる転落も死もありうることとは思えず、ましてそれが必要だとか良いことだとは思えません（貧しい人や社会の周辺で差別されている人たちこそが、イエスによれば、スピリチュアルな出発の先頭に立つのです）。けれども普通、わたしたちはいくらかの成功体験を得て、エゴの構造と自信を打ち立て、そののちにそれを手放すことになります。神は慈悲深くも、若者の思考から死を隠しておかれますが、不幸なことに、わたしたち自身、後年むりやりに死が意識に侵入してくるまで、それを自分の外に押しやっています。アーネスト・ベッカーは何年か前に、世界を停滞させるのは、愛ではなく死の「拒絶」だと言っています。もしその通りだとしたらどうでしょう？

下降ののちに上昇するというこの原理を「不完全さのスピリチュアリティ」「傷ついたものの道」と呼んだ人たちがいます。リジューの聖テレーズが「小さき道」によって、また聖フランチェスコが貧困の道によって、そして「アルコホーリクス・アノニマス」〔※〕が、最初のステップと呼んだものです。聖パウロはこの耳に痛いメッセージを、

※アメリカで誕生した、アルコール依存症などの飲酒問題を解決したいと願う相互援助・自助グループのこと。

「わたしは弱いときにこそ、強いからです」(「コリント人への第二の手紙」12章10節)という謎めいた言葉で言いあらわしています。もちろんこの言葉で彼は、彼の言うところのイエスの磔刑という「愚行」――悲劇的で理不尽な死が復活そのものになったこと――を拡大解釈して述べようとしているのです。

わたしたちは、スケーターのように左右に揺れながら前進します。この現象が、男性のイニシエーション〔1〕に対するわたしの研究の核にして中心なのです。まさに全宇宙がその動きを反映しています。特に巨大なエントロピーのパターンを持つ物理学や生物学においては、絶え間ない喪失と再生、死と変容、形態と力の変化が起きています。これを「カオス理論」のあり方とみなす人もいます。つまり逸脱こそが唯一のルールであり、それが新たなルールを生んでゆくというものです。ちょっと怖ろしくないですか。

このパターンの否定は、実際的には、日常に根ざした無神論というか、多くの信者や聖職者があえて選び取った無知〔見ないふり〕のような気がします。多くの人は、安易なエゴの慰めというソフトな宗教のほうを選びたがります。人間の成長モデル、あるいは西欧社会および、西欧社会が精神的に植民地化してしまった世界の諸地域で、すっかりなじみ深いものになった「繁栄の福音」のほうがよいのです。わたしたちは成長し、拡大しますが、実はそれはエゴの想像とはまったく違った道を通じてです。魂だけがそれを知り、理解しています。

この小さな本で、人を説得するというよりも、むしろわたしがやりたいのは、前半生、後半生のできごとの並び順および課題と方向性を明確にすることです。そうすれば、あなた自身が結論を引き出すことができます。だからこそわたしはそれを「上方への落下」と呼ぶのです。準備ができた人には、このメッセージは自明に思えるでしょう。「下降」したものだけが、「上昇」を理解できるのです。落下し、それもうまく落下したものだけが、上昇しつつも「上昇」を誤用せずにいられます。後半生の「上昇」がどのようなものか、どのようであありうるかを示したいのです。なによりも、わたしたちがある状態から別の状態へ移行するやり方を探求したいのです――それが自分の意志力や倫理的完成によるものではないことを示したいと思います。それはわたしたちがかつて想像しえなかったものであり、それを自分自身で操作することはできません。それはわたしたちに「なされる」のです。

警告と呼ぶのが正しいかどうかわかりませんが、もうひとつ言っておきたいことがあります。このメッセージが真実であるかどうかは、あなたが「上昇」の側に移ったときにしかわかりません。「下降」をみずから経験し、より大きな意味でその向こう側に出ていくまでは、これが真実だとは夢にも思えないかもしれません。あなたは「高みから」運命、状況、愛、神によって、下へと一方的に押されてゆくのです。一方的というのは、あなたのどんな部分もそれを信じたくないでしょうし、それを通り抜けたくもないからです。上方への落下は魂の「秘密」であり、考えてわかるものでもなく、軽く試してわかるものでもなく、ただ——少なくとも一度——あえて、それに賭けることでしか知り得ません。少なくとも一度——みずからを導きにゆだねることで。その事態を受け入れたとき、「上方への落下」が真実であることはわかりますが、それも受け入れることができたのちのことです。

おそらくこれが、イエスが信頼と信仰を、愛以上に高く評価された理由でしょう。転落、失敗、そしてそれでも自分は砕け散らずにいられる、ということに対する根底的な信頼が必要なのです。ただ待ち、望み、信頼しているときに、あなたを支えるのは信仰だけです。そのとき、そしてそのときにのみ、より深い愛があらわれます。英語に、恋に「落ちる」という表現がある（他の言語にもあるそうですが）のは不思議ではありません。「落ちる」が、そこに至る唯一の道です。前もって愛が何を求めるかを知っていたら、だれも進んでそこへは行きたがらないでしょう。まさに人間の持つ信仰こそが、愛の発見のためになくてはならない基盤となるのです。でも、疑わなくてよいのです。大いなる愛とはつねに発見、啓示、すばらしい驚きであり、そしてはるかに大きく深く、文字通りわたしたちを超えた大いなるものの中に「落ち込む」ことなのですから。

イエスは弟子たちが変容の山から下りてきたときにこう言われました。「人の子が死者の中から復活するまで、いま見たことを誰にも話してはならない」(これは喪失と再生の向こう側へ出るときまでは、の意味です)。人がみずからその道を歩む前に、自らの知恵を主張しようとするなら、多くの抵抗、否定、押し返しの衝動、そして論争が起きるのを覚悟してください。マルコによる福音書の続きはこうです。「彼らはこの言葉を心に留めて、死者の中から復活するとはどういうことかと論じ合った」(「マルコによる福音書」9章9-10節)。新たな場所につれてゆかれるまでは、そこがどんな場所なのかを完全に想像することはできません。この点を強調しておきたいのは、すべてのスピリチュアルな師匠がなぜ、「信じる」「信頼する」「ひとえにすがる」ことを説くのか、わかってもらうためです。師匠たちは単に、たわごとや非合理的な物事を信じろ、と言っているのではないのです。信頼にすがっていれば、みずから先への旅に出ることができる、という意味です。師匠たちは、スピリチュアルな旅全体は、実際は、ひじょうにリアルなものだと言いたいのです――いまの段階では、それはまだ、みなさんの腑には落ちないでしょうが。

前半生の言語と後半生の言語はまったく違った語彙をもっており、それぞれの状態にいるものにしかわかりません。さらなる旅に出たものの利点は、前半生の言語と課題をまだ覚えていて、それに敬意を払うことができる、ということです。彼らは乗り越えることで、新たな境地にいたったのですが、それ以前のものをも捨てることなくその中に包みこんでいます。実際、あなたが前半生の叡智を取り入れ、統合することがなければ、後半生に移行することはないでしょう。湯浴みのたらいの水とともに赤ん坊を流してしまってはいけません。創造的に規則を破るやり方を知っているものは、なぜ、その規則がそもそもそこに置かれたかを知っています。彼らは単なる偶像破壊者、反抗者ではありません。

これこそモーゼが十戒の最初の二枚の石板を砕いたことの象徴的な意味ではないかと、わたしはよく思います。モーゼは山に登り、それをヤハウェに造りなおしてもらったのです（「出エジプト記」32章19節－34章・35章）。二度目の二枚の板は、神とじかに対面したあとに出てきたものであり、それがすべてを変えました。掟に対するわたしたちの最初の理解は、わたしたちに誤ったことをさせ、失望させます。十戒の最初の二枚の石板を砕いたあとで、初めてモーゼはまことの指導者、預言者になりました。それより後、初めて神の栄光を目にし(「出エジプト記」33章18節)、初めて彼の顔が「輝いた」(「出エジプト記」34章29節)のでした。人生の前半生、後半生のあいだにある差異とまさに同じです。

ダライ・ラマも同じようなことを言われています。「規則を学び、従いなさい。そうすればそれの正しい破り方がわかります」。手段と目的のこの識別力は、あなたが正しい方向に進んでいるかどうかのリトマス試験紙であり、成熟に達した世界中の宗教でも同じことが説かれるでしょう。なぜか、宗教的な人々は、手段を本当の目的と混同しがちです。最初、神はあなたに厳密な態度を求めておられると思います。何曜日にみんなで礼拝をするかを定め、祈りの権威ある言葉と文言を定められる、といった具合です。人生がたえまない神との交信になったあとでは、こうしたテクニック、公式、秘蹟、行などは、本番――人生そのもの――のための予行演習に過ぎなかったことがわかります。人生そのものが、実際はたえまない意図的な祈りとなります。あなたの意識的で愛に満ちた生そのものが神に栄光を与えます。

人生に二つの段階があること、またそれぞれが別の言語を持つこと、落下によって上昇することなどは、目新しい話ではありません。それらは何世紀にもわたって、新たな旅に出ることになった男女の神話的な物語の中で語られています。では、もっとも有名な神話のひとつを見てみましょう。

建国神話

西欧の合理主義は、もはや神話とその重要性を理解しません。ただし過去の歴史上のあらゆる文化は理解していたのですが〔2〕。わたしたちはまさにその例外で、これらの効率的な癒しの物語を、無力で残酷な、そして混沌とした物語、たとえば、共産主義、ファシズム、テロリズム、大量生産とそれに付随する大量消費などに置き換えてきました。言い換えれば、わたしたちは何が大切で何が大切でないかを決定するために、「事実至上主義」(de facto)の世界観を持ったのです。そうした世界観はたいていい人々を一つにまとめるための象徴的な物語を持っています。たとえば「正直もののエイブラハム〔※〕」がケンタッキーで木を切って育ち、イリノイで教育を受けた、といったような。こうした「神話」はアメリカ人らしい世界観、つまり自己決定、刻苦勉励、達成のきわだって効果的なメタファーになります。正確に歴史的事実かどうかは、重要でさえありません。

そうした神話は、深い集合的な人類の無意識から生じてきます。わたしたちの神話は、個々のケースには当てはまらなくても、全体として正しい物語やイメージです。それらはたいてい歴史的事実ではないのですが、必ずスピリチュアルな閃きを持っています。神話は生と死を扱い、説明できるものと説明できないものを一つにまとめ、理性的な頭脳がそれだけではついてゆくことのできないパラドックスを一つにまとめます。優れた詩がそうであるように、神話も不分明で混乱した感情をくっきりと解き明かし、人生を変えてゆきます。

神話が根底的に正しい、というのは、それが効く〔work〕からです。聖なる神話は人々を健康的に、幸せに、そして——苦しみの中においても——まったきものとします。神話には深い意味があり、わたしたちを「深い時間」（あらゆる時間つまり過去と未来、部分的かつ全体的な時間、わたしたちのちっぽけな時代や文化だけではなく）の中につれ

※ 少年時代のリンカーン大統領のこと。

ていきます。そうした物語は魂の食べ物であり、おとぎ話を「むかし、むかし」とか「大昔、遠い国で」というフレーズで始まった時間へと立ち返らせます。カトリックの人たちはラテン語の祈りのあとに、Per Omnia saecula saeculorm と唱えます。これは大ざっぱに訳せば、「ありとあらゆる時代をつらぬいて」というような意味です。深遠な時間は魂を方向付けし、究極的なパースペクティブを与え、わたしたちを再調整し、地に足を付けさせ、そうしてわたしたちを癒してくれます。わたしたちはこの小さな自己や小さな時代よりもはるかに大いなる〈神秘〉に属しています。偉大な語り手とスピリチュアルな教師たちはつねにそれを知っていました。

忘れないでください。合理性の対極は非合理性とは限りません。それは合理的な頭脳がたどることができない、より大いなる「超・合理性」であったりします。たとえば愛、死、苦しみ、神、そして無限などはこの超・合理的な体験です。神話や成熟した宗教はこのことを理解しています。超・合理的なるものは、わたしたちを開かれたシステム、大いなる地平線の内側にとどめ、魂、心、頭脳が小さな限られた場所の中に閉じ込められないようにします。単に合理的なだけのマインドは、当然ながら二分法的な考え方を持っています。ほとんどすべての瞬間の場を、いま現在理解できるものと、いま現在「誤っている」「真実でない」ものとに分割します〔3〕。なぜなら、合理的なマインドは、例えば愛や苦しみを理解できず、それらを避けるか、否定するか、または誰かのせいだと責めることをしますが、実は愛や苦しみこそが、それを受け入れることができれば、最大のスピリチュアルな教師なのです。わたしたちが神話的な意識を失ってしまったことは、ここ数世紀のあいだ、よい結果を生みませんでしたし、世界中の宗教に、硬直した原理主義をはびこらせました。いまやわたしたちは破壊的で「目に見えない」神話の中にとらわれています。なぜなら、本来の神話がいかにすばらしい癒しの機能を持っているか見る目を持っていないからです。

オデュッセイア

多くの人が、オデュッセウスの物語は、古典的な変容の神話、後のすべての西欧社会の物語にあらわれる障害や方向性のおおもとを定めてくれたものだと言うでしょう。わたしたちはみなそれぞれの小さなオデュッセイアを持っていますが、このオデュッセイアという言葉は、何世紀も昔のひとりの男――戦い、船出し、そして人間的な、悲劇的な英雄の古典的パターンを生きた男の物語をさします。

ホメロスの叙事詩『オデュッセイア』は紀元前七百年ごろに書かれ、英雄オデュッセウスがトロイ戦争の後、故郷に帰還するまでの恐ろしくも冒険に満ちた旅を描いています。誘惑するサイレーンの声に耳を傾けることなく船を進め、一つ目の巨人キュクロプスや蓮食い人たちを避けて遠回りしながら、スキュラとカリュブディスの海峡を抜け、キルケとカリピュソのもたらす慰めと混乱をへて、オデュッセウスは故郷を目指します。試練、誘惑、失敗、高揚を味わい、神々や怪物たちに追われながらも、オデュッセウスはついに故郷イタケ島に帰りついて、愛する妻ペネロペイア、老いた父ラエルテス、そして可愛い息子テレマコス、死にかけていた愛犬アルゴスとも再会します。なんという偉業でしょう。

通常の物語の運び方に慣れているわたしたちは、オデュッセウスの物語にも「そのあといつまでも幸せに暮らしました」というエンディングを期待します。ほとんどの読者にとって、その結末は実際に必要なものであり、欲しているもの、物語の中で説得的なものでもあります。オデュッセウスは故郷に戻ってきて、本来の権利を取り戻し、妻子や父親と再会します。けれどもそれだけではないのです！　最後の二つの章では、めでたく輝かしい結末と思われたもののあとで、ホメロスはオデュッセウスを新たな第二の旅に呼び出そうとします。その部分はほとんど問題にされていないのですが、なぜかホメロスは主人公の生涯にとって、それをひじょうに重要なこととみなしていたのです。

後年の静かな生活におちつくかわりに、オデュッセウスはすでに受け取っていたものの、半ば忘れていた予言――盲目の見者テイレシアスの予言――に心を留めねばならない、と知っており、ふたたび故郷から出立するのです。それが、神々に定められた彼の運命です。この新たな旅には細かな記述はありませんが、強烈なイメージの細部がいくつか残っています。紀元前七百年という時代、わたしたちが後半生の旅について十分に理解もせず語ることもなかった時代に、ギリシアの文学によくあることですが、ホメロスも、オデュッセウスにはまだなすべきことがある、としたのは単なる直感のなせるわざなのでしょうか。

それからテーバン・テイレシアスの幽霊が、黄金の錫杖《しやくじよう》を手にしてあらわれた……故郷に着いたら、汝は妻への求婚者たちに復讐するであろう。自分の家の中で力と詐略によって彼らを殺した後、きちんと造られた櫂を手にし、船に乗って漕ぎ進め、人々が海について聞いたこともなく、食べ物に塩を入れたこともなく、船や船の翼たる櫂《かい》について聞いたこともない国に行くであろう。これについては、次のしるしを与えるので、汝の記憶から逃れることはないであろう。ひとりの旅人が汝と出会い、汝が肩にになう櫂は箕《み》に違いない、と言うであろう。この言葉を聞いたら、汝は櫂を地面に挿し、子羊、牡牛、猪をネプチューンへの捧げ物にせよ。それから故郷に戻り、百頭の牛を天上の神々に次々に捧げよ。そうすれば、汝の時が満ち、平和が心を満たしたときに、汝の生はしずかに潮のように引き退いてゆき、民は汝を祝福するであろう。わしの言ったことはまことになるのだ。

〔4〕

テイレシアスの予言について、オデュッセウスは旅のさなかでは心半分に聞き流していましたが、これこそわたしたちすべてを待ち受ける予告のように思われます。次に本書の目的にかなうと思われるキー・ポイントをまとめましたので、心に留めてください。

1　オデュッセウスは、死者の王国、いわば「どん底の底」たるハデスの中を旅しているときに、この予言を受け取りました。エゴがもっとも崩壊しかかっているときに、わたしたちは物事を新たな耳で聞き、真摯な自己の再構築を始めます。たとえそのときは気持ち半分に聞き流していたことであっても。

2　テイレシアスはオデュッセウスにこのメッセージを与えるときに「黄金の錫杖」を手にしています。これこそメッセージが、頼みも求めもせず、オデュッセウス自身にさえ歓迎されないのに、聖なる源、彼方、外部から来ていることの象徴です。わたしたちを内なる権威へ導く道は、しばしば外部の権威の形を取ってやってきます。

3　全身全霊を傾けて故郷イタケ島に戻ろうとしたにもかかわらず、オデュッセウスはそのあとでまた、「島」を離れ、さらなる旅を求めて「本土」に向かいます。彼は自分の小さな「島という一部分」を〈大いなる絵〉ともいうべきものにふたたび接合させようとします。わたしにとってこれこそが、何かを本質的に宗教的なものにする行為です。なんであれ、自分の一部を「全体」に、再接合（re-ligio）させようとすることは、言葉はどうあれ、神を体験することです。さらに言えばオデュッセウスは、外なる旅を「内陸」というか内面世界に再接合しようとしています。それこそ後半生の課題の大部分です。なんとすばらしいメタファーでしょう。

4　オデュッセウスは櫂を持ち運ぶことになりますが、この櫂とは前半生での船の旅においては「運搬の方式」でした。けれども海から遠く離れたところで出会う旅人はそれをむしろ箕とみなします。つまり麦粒を籾殻《もみがら》から分離する道具です！　彼がこの旅人に出会うとき、それはさらなる旅の終わりに達したしるしであり、彼はその櫂をその地に挿し、置き去りにします（今日の男性のイニシエーションの儀式として、若者が子ども時代のおもちゃを地に埋めるのと同じように）。そうして初めて、オデュッセウスは真に故郷に帰ることができるのです。仕事と生産という最初の世界はいまこそ完成されたのです。

5　それから海のネプチューン神にいけにえを捧げるのですが、この神は最初の旅のあいだずっと彼に付き添っていました。いけにえを捧げるという言い回しは、古代神話においてはかなり普遍的なものです。先へ進むためには、何かを手放し、乗りこえ、捨てることがつきもので、そののち「神々」の、より〈大いなる絵〉の中に入ることが「許され」ます。

6　オデュッセウスは三つの特別ないけにえを捧げることになります。野生の牡牛、繁殖期の猪、そして子羊です。これ以上に、いまだ馴化されない、未成熟な男性エネルギーにふさわしい象徴があるでしょうか（女性はここで、女性なりの象徴を選びたくなるでしょう）。最初の旅に使った道具でもって、第二の旅を進めることはできません。まったく新しいツールキットが必要です。

7　このさらなる旅を終えた後、彼は故郷イタケ島に戻り、「広大な天を統べたもうすべての神々に対するおごそかないけにえ」を準備します。人間の言葉では、これはことの〈大いなる絵〉の中に最終的に住むことをあらわし、キリスト教の言葉では、より大いなる「神の王国」に最終的に結びつけられることです。

8　このさらなる旅といけにえを捧げることを経て初めて、オデュッセウスは「民や家族に囲まれて幸せに暮らせるだろう。心地よい歳月の重荷に耐えられなくなり、死がおだやかに海からやってくるまでは」と言うことができます。死はいまだ人生を生きたことのないものにとっては、ほとんど脅威と言えます。オデュッセウスは前半生、後半生の旅を生きたので、最終的に軽々と生を手放すことができるのです。

深層意識の叡智について考えてみましょう！　神は、わたしたちが人間のスピリチュアルな組織を型式の整った宗教の形にするまで、待っておられる必要はありませんでした。聖書の冒頭の第二節によれば、神の霊〔The Spirit〕は最初からわたしたちのカオスの上に漂っています（「創世記」1章2節）。そして時の始まり以来のすべての被造物の上に（「ローマ人への手紙」1章20節）も。ホメロスは単なる「異教徒」のギリシア人とは言えず、二千七百年後のわたしたちのほうがより賢いとは言えないのです。

さてこの力強い神話を心の裏に置いて、さらなる旅のわくわくするような探求に飛び込みましょう。それは、わたしたちが言いたいことの一種のブループリントとして働きます。どうか次のことに意識を向けてください。物語全体は、故郷を見出し、ついでそこに帰還し、故郷の真の姿をさらに整えあげ、定義しなおす、というマトリックスの中にセットされています。故郷とは始まりであり、終わりでもあります。故郷は感傷的なコンセプトではなく、内なる羅針盤であり、同時に北極星でもあります。魂のためのメタファーなのです。

さあ、女性の読者のみなさん、これまでこの老人が語った話ですが、ジェンダーの分岐点の向こうから、これらの問題点について考えてみてください。これはあなたがたにとっても真実の話であり、どうしてそうなのかは、あなたがた自身が発見することになるでしょう。

Chapter 1

人生の前半と後半

A Spirituality for the Two Halves of Life

人生の午前のプログラムに従って、午後を生きることはできない。朝に大きな意味があったものは、夕には意味を失い、朝に真実であったものも、夕には偽りとなるからだ。

C・G・ユング『こころの構造』（ユング著作集3　日本教文社）

「前書き」でも少し述べましたが、人生の前半生の仕事とは、自分の人生を納める適切な器をこしらえ、最初の基本的な課題、「わたしの特性はなんだろう」「どうすれば生計を立ててゆけるか」「だれがわたしとともに歩んでくれるのか」の答えを見つけることです。後半生の仕事はシンプルで、その器に何を入れ、何を運ぶのか、その中身を探すことです。メアリ・オリバーの言葉を借りれば「あなたは、たった一度の自由で貴重な人生において、何をするつもりでいるのですか」。言い換えれば、器ができあがっても、それで終わりになるのではなく、器はより深く充実した人生、あなた自身でもあまりよくわかっていない人生のために存在するのです。ひじょうに多くの人が、器の維持と修復のために時間を費やし、「より深みに網を投げる」（「ヨハネによる福音書」21章6節）

ことをしません。深みにはあなたを待っている、大きな獲物がいるはずなのに。

しかし問題は、最初の仕事があまりに多くの血と汗、卵子に精子、涙、歳月を必要とするため、次の仕事があるなどとは想像できないことです。つまり、人生において、これ以上何かができる、とは思えないのです。「『古いものが良い』と言うのである」（「ルカによる福音書」5章39節）。しかしイエスでさえ「古い酒袋に新しい酒は入れられない」と言っておられます。イエスによれば、新しい酒袋を手に入れなければ、「酒も酒袋もだめになってしまう」のです。けれども後半生は、新しい酒をおさめる酒袋になりえます。なぜなら、そのころには丈夫な酒袋つまり、これまで試してきた人生のこなし方の集大成ができあがっているからです。しかし、通常は器それ自体がもっとひきのばされるか、元の形では持ちこたえられなくなるか、もっとよいものに置き換えるしかない、と考えられています。言ってみれば大きな摩擦力がかかるからですが、それは中年期の情熱や発見の源泉にもなります。

多くの伝統が、さまざまなメタファーを用いて、この二つの時期の差異を明らかにしています。初心者と熟練者、入門者と経験者、ミルクと肉、書物と精神、若人と大人、洗礼を受けたものと堅信礼を受けたもの、弟子と師匠、朝と夕べ。「ペテロよ、あなたが若いときは……しかし、年を取ると……」(「ヨハネによる福音書」21章18節)。後半生の入り口に立ったとき、初めてあなたには、この二つの時期の差異がわかるのです。とはいえ前半と後半は、連続して積み重なってゆくものであり、どちらも必要です。それについて万巻の書(本書も含めて)を読んだからといって、いきなり後半に飛び移ることはできません。言ってみれば恩寵が、あなたをじっくりと前へ押し進めてゆくのです。「神には孫はいない。子どもしかいないのだ」という言葉もあります。どの世代も、その世代なりの、魂についての発見をしてゆくのです。そうでなければ、前の世代に対して批判をするだけになり、それもしばしばやり過ぎてしまいます。あるいは遵奉するあまり、それもやり過ぎてしまいます。前に進むためには、どちらのやり方も、ポジティブな、というかクリエイティブなものではありません。

どんな教皇も、聖書の引用文も、心理学のテクニックも、宗教的な公式も、書物も、あるいはグルも、あなたの旅を肩代わりしてくれることはありません。最初の旅をはしょってしまおうとすれば、旅の真の必要性がわからず、同時に限界もわかりません。最初の器がなぜ機能しなくなるかもわからないし、旅の後半の豊かさも、そして前半、後半の差異もわからないままになります。それが「成長しない」多くの人々、また「自己愛に溺れたまま後半生に突入する」多くの人たちの不毛な道のりです。今日の世界では、そうした人々の数は少なくありません。

旅の前半にいる「若人」たちは、「大人」というものは、素朴で単純になり、「人生から下りている」か、またはただ贅沢を享受しているのだ、と考えます。自分たちが経験していないことは理解できません。若人は前半生の仕事に手いっぱいになっているので、その先にあるものは見えないのです。これとは反対に、前の段階を乗りこえ、自分の中に統合できた人たちは、「若人」たちを忍耐強く理解し、自然な形で（とは言っても、試練や努力を課さないわけではありませんが）忍耐強く手を貸そうとします。まさに、そうしたことのできるのが「大人」なのです。より高いステージは、その下のステージを愛情深く包みこみます。そうでなければ、高いステージとは言えないでしょう。

ほとんどすべての文化において、またきわめて宗教的な歴史においても、前半生においては、いくつかの事柄の創造と維持が求められています。その三大課題とは、アイデンティティと、身の安全と、性的役割です。それらはわたしたちの関心を占めるだけでなく、すっかり虜にします。歴史を作ってきたのは、この三つです。ほとんどの世代は、これらの境界線がもうけられているのを目にし、その境界を守ることを、人生で最優先の、というか唯一の課題とみなしてきました。それまでの人生のほとんどは、身の安全を守る構造、尊重すべきシンボルの構造を築き上げ、自分や集団のアイデンティティ、そして性的なアイデンティティを高らかに宣言し、擁護することに費やされてきたのです。ところが今では、多くの人々が「人生はそれだけなのか」と問いを発しはじめています。

自己形成の途上期には、自分というものにすっかり取りつかれているので、過度に自己防衛的に、また過度に攻撃的になりやすく、シンプルな生活、純粋な友情、実益のない美、自然などに心を開く時間は持てません。が、そうしたエゴを打ち立てることは、若者が最初の二十年あまりを生き抜くために、またその集団が生き延びるためには必要です。「良き塀は良き隣人を作る」と、詩人のロバート・フロストは言っています。しかし、それはただ塀を建てればいいという意味ではありません。最終的にはそれを越えていって、お隣さんと出会うためなのです。

つまり、わたしたちは、個人的にも文化的にも、人生を始めるに当たって、境界、アイデンティティ、安全、そしてある程度の秩序を必要とします。自分が「特別だ」と感じること、「ナルシシスト」であることも必要です。誰でも、人生の前半には、いくらかの成功や、人からの反応や、ポジティブなフィードバックが必要で、それがなければ後半生を、他人からそれを乞い求め、その不足を嘆くことに費やしがちです。なんならそれを「ナルシシズム」と呼んでもいいのですが、よい意味でのナルシシズムは必要です。最初にエゴをしっかり打ち立て、それからそれを手放して、先へ進みます。〈洗礼者ヨハネ〉の厳しい修行の道への応答として、イエスはどちらの段階をも評価しようとして、こんなふうに告げておられます。「女から生まれた者のうち、洗礼者ヨハネより偉大な者は現れなかった。しかし天の国で最も小さな者でも、彼よりは偉大である」(「マタイによる福音書」11章11節)。これは詭弁でしょうか。いいえ、これは人生の後半生に立った人の言葉なのです。

基本的には、あなたが人生の早い時期に、周囲からよい反応をもらっていれば、後半生でナルシスの鏡の奥をのぞきこんだり、人の注目を乞い求めたりしないですみます。すでに「注目され」、基本的によい気分でいるので、それが持続するでしょう。若いころに人からよい反応を得ていれば、人にもよくしてやり、自分のことを、そう正直に、かつ肯定的に見ることができます。わたしにはわかります。なぜ多くの聖人が、祈りとは、つねに恵み深い神のまなざしをただ受け取って、優しくそのまなざしを返すことであり、結局、それはたったひとつのまなざしが受けとめられて、はね返ってきているだけなのだと悟ることだ、と言っているのかが。ヒンズー教徒は、この相互の熱いまなざしの交換をダルシャンと呼んでいます。この鏡の効果については、本の終わりのほうでもっと語ろうと思います。

あなたがこの鏡による自己愛を確立していれば、自分のアイデンティティを守ろう、防衛しよう、証明しよう、強調しようとは思いません。アイデンティティはただ存在しているのであり、それで十分以上なのです。それをわたしたちは実際に「救済」という言葉で呼んでいます。とりわけ〈頂上〉へと向かう道の途上で、ナルシス的な自己愛を身につけてゆくときには、その言い方で正しいのです。「自分とは何者か」という問いの答えが正しく得られれば、「自分は何をすべきか」はひとりでに定まってゆきます。あまりにも多くの宗教者が、懸命に自分の救済の原理を証明しよう、守ろうとするのを見ていると、その人たちはあの聖なる鏡のまなざしの交換を、どのくらい深く体験しているのか、疑わしくなります。

前半生においては、成功、安全、器――自分にも他人にも「よいものだと思える器」――を手に入れることが、課題のほぼすべてです。それはマズローの「必要の階梯」の初期の段階です〔1〕。わたしたちの文化では、安全の問題はいまだに大きな関心事で、軍事予算の莫大さについては議会も国民も本気で疑問を抱いていません。それなのに、必要の優先順位が低いもの、たとえば貧困層への教育や保健の政策、芸術への予算は、考慮に入れられたとしても、さっさと削減されます。これが示していることは明らかです。わたしたちはまだまだ青少年の段階の文化にいるのです。宗教も同じように、真理を、「絶対に必要」である衣食住の要求へとすりかえてしまわざるをえません。それらは――まさに絶対なのですから。このことは人生の初期段階においては、正しいし、不可欠だと感じられます。しかし、聖書でいう「信仰」すなわち信頼のほうは、後半生でしか理解できないものなのです。

だれでも、さまざまの安定や恒常性、安全を保証する処世術を、人生のどの段階においても必要としています。しかし気をつけないと、それがすべてをおおいつくし、すべてをコントロールしたいという要求になって、その先の成長を妨げてしまいます。聖書でもっとも多くあらわれる一句は「恐れるな」だそうです。数えた人によれば、それは三六五回も出てくるとか。わたしたちは、個人的な身体の安全、生殖、生存〔恐れに根ざした〈爬虫類脳〉の本能〕という動機付けのさらに先へ行かなければ、人間の、つまりスピリチュアルな発達の下位段階から抜け出せません。わたしがこれまで教会で聞いた説教の多くが、人生の発達というものはこの初期レベルから抜け出せないし、抜け出そうという挑戦もできない、という論調でした。実際、そうした挑戦は、異端、危険、誤った忠告とされています。

秩序、コントロール、安全、快楽、そして安定を得ることに汲々としていると、ひじょうに不幸な結果を生みます。つまり多くの人が、自分の人生の内容に到達することができないのです。人生には、境界を築いたり、アイデンティティを死守したり、派閥を作ったり、衝動をコントロールせよと教えたりすること以上の、はるかに大きなものがあります。「あなたたちはなぜ、何を食べよう、何を着よう、と思いわずらうのか」とイエスは尋ね、みずからこう答えます。「命は食べ物よりも大切であり、からだは衣服よりも大切だ」（「ルカによる福音書」12章23節）「たとい人が全世界を手に入れても、自分の命を損なうなら、何の得があろうか」（「マタイによる福音書」16章26節）

前半生には、自己防衛の行動と、そしてそれに基づく攻撃行動が多すぎるため、本質的な課題、旅を先に進めるための課題にはいたりつけません。人間の成熟とは、攻撃性でも防衛性でもありません。現実をありのままのものとして、受け入れられることが成熟なのです。ケン・カイズは賢明にこう言っています。「世界に多くの苦しみがやってくるのは、人が攻撃しようとするためでなく、攻撃を受けて立とうとするからだ」。攻撃された側は、やられたと思う相手にやり返さねば、と感じます。そして攻撃者とみなされた側はそれを防衛しようとし、それが新たな攻撃性に転じ、それが永久に繰り返されます。自己防衛と攻撃のピンポン・ゲームからの出口は、スピリチュアルな成長のみです。〈まことの自己〉は、そう、決して、攻撃された、と思わないのですから。

階段と段階

人生の二つの部分とそれぞれの課題をあらわすのに、「人生の二つの時期」という言葉を最初に広めたのは、カール・ユングでしたが、多くの先達も、人間としての成熟、スピリチュアルな成熟には、いくつかのはっきりした段階があると認めています。つまりプロセスという考えは新しいものではありません。ただきまざまなイメージで語られているだけです。

アブラハムとサラの建国神話の旅、モーゼの出エジプト、マホメットのいくつかの旅、そしてイエスの四種類の土壌の比喩〔「マタイによる福音書」13章3節−23節〕、教会の壁に描かれている「十字架の道行き」、それから〈梯子のヨハネ〉、聖ボナヴェントゥラの反復図式、〈十字架のヨハネ〉、〈アビラの聖テレサ〉。そして現代には、ジャン・ピアジェ、ジェームズ・ファウラー、ローレンス・コールバーグ、クレア・グレイブス、エイブラハム・マズロー、エリク・エリクソン、ケン・ウィルバー、キャロル・ギリガン、ダニエル・レヴィンソン、ビル・プロトキン、そして〈スパイラル・ダイナミクス〉の一連の運動があります。これらすべてが示しているのは、成長と発達には方向づけがあることで、それはただ「歯をくいしばって耐えしのぶ」静的な状態ではありません。運動とその方向づけの両方を視野に入れ、両者を尊重しなければ、成熟と未熟の区別もわからないでしょう。ほとんどの先達はそれぞれのやり方で、二つのキーを中心にした理論をふくらませているようで、その洞察は、彼らの著作のほとんどすべてにあらわれています。

なによりもまず、前半生の段階は、後半生の広い視野からでなくては、全貌を見通し、理解することができません。だからこそ成熟した社会は、年長者、大人、聖人、そして「イニシエートされたもの」によって治められるべきだと考えられてきました。そういう人のみが、社会において、そしていかなるスピリチュアルな組織においても、まことの指導者になるのです。そういう人がいなければ「盲人が盲人の手をひく」ことになり、その典型的な例が、若者の暴力集団や自爆テロリストです。まことの指導者、まことの大人でないものが、自らの未熟なレベルで人々を鼓舞すると、未熟な人々は彼らを気に入り、自分たちと同じ未熟さをたたえて持ち上げます。読者のみなさんもそれぞれに、悲惨な政治的事件の指導者たちの名前を思い浮かべてください。けれど、未熟な集団と未熟な指導者の間には共生関係があることも忘れないでください。プラトンとジェファーソンが、民主主義は必ずしも最上の政治形態ではない、と言ったのはそのためです。民主主義はもっとも安全な形態であるだけです。ほんとうに賢明な君主なら、物事を最高に効率的に行うことができるでしょう（ここでわたしに抗議文書を送らないでください！）。

あなたが「恵みを受けて知恵が増し、背丈も伸び」（「ルカによる福音書」2章52節）自分を深め、成長してゆくならば、その前のすべての段階の人に対して、忍耐強く、包容力を持ち、理解を示すことができます。だからこそわたしは「超越性と包容性〔超えてゆくことと包みこむこと〕」という言葉をしばしば使うのです。この二つこそは、あなたが目覚めた存在であり、心理的に成熟し、ほんとうの大人として何かを信じられる、まぎれもないしるしです。あらゆる宗教における「覚者」はつねに赦しに満ち、あわれみ深く、ひじょうに包容力があります。敵を作り出すことはなく、「初心者集団」を尊重し、うまく動かしながら、みずからは、彼らのもつ制限的な境界を越えることができるのです。ユダヤ教徒イエスは、自らの宗教を大いに批判しながらも、ユダヤ教から離れることはありませんでした。成熟した人々は、「あれか、これか」と黒白をつけるような考え方をせず、「どちらも」の大海に身を浸します（ガンジーやアンネ・フランク、マーチン・ルーサー・キング・ジュニア、マザー・テレサ、ネルソン・マンデラのことを思い浮かべてください）。こうした目覚めた人たちは、宗教の進化の車輪に油をさします。アルベルト・アインシュタインはこう言っています。「どんな問題も、最初にそれを生み出した意識状態によっては、解決することができない」。神はこうした達人、聖人を適宜、世に送って、人類と宗教を進歩させています。

〈階段と段階〉についての第二の洞察ですが、それは、人間は自分の発達レベルのほんの少し上の人しか理解できないということです。ある理論家によれば、人はせいぜい自分の一段だけ上の意識の人しか理解できないとのこと。この制約があるため、あなたより深い（あるいはより「高い」）レベルの人は、例外なく、まちがっている、罪深い、異端、危険と感じられて、排除の対象になります。そうでなければ、いつの世も預言者が殺されたり、真に聖なる人々が単純すぎるとして、排斥されたりすることの説明がつかないでしょう。文明的と自認する人たちこそが、たえまない人種差別、頑固な自己防衛、好戦的な態度を取っています。「文明化」されたつもりでも、発達の初期段階の人たちはまったく自己中心的な立ち位置から、あれこれと判断を下しているのです。実際、もっとも自己愛の強い人々の隠れ蓑とは、礼儀正しく笑みを絶やさず、そして完全に文明的にふるまうことです。ヒトラーは動物やクラシック音楽を愛していたそうです。

変化や成長が、あなたのスピリチュアリティの中にプログラミングされていなければ、そして恐怖と狂信の向こう見ずな本質に対するまっとうな警告が存在していなければ、あなたの宗教は必ずや「現状」を崇拝し、今のエゴの状態と個人の利益を――それがあたかも神であるかのように――守り続ける方向に向かいます。イエスの最初の伝道のメッセージははっきりと「変化せよ」と告げています（「マルコによる福音書」1章15節や「マタイによる福音書」4章17節）。聖書のそうした箇所で、イエスは聴衆に向かって「悔い改めよ」と言ったのですが、それは文字通りにとれば「心を変えよ」という意味で、この教えはキリスト教の歴史にさほど大きな影響を与えたとは言えません。変化に対する抵抗はあまりにもよくあることですし、特に信仰深い人たちはたいていそうで、彼らは未来よりも現在よりも、過去のほうを愛しています。結論を言えば、組織宗教の多くは「前半生」の課題の中に生きており、どんな文化においても、ほとんどの人がそうした生き方をしています。わたしたちはみなが聞く用意のできていることを察知し、それを伝えていきますが、ほとんどの人はアーリーアダプター〔※〕ではありません。けれども動物の知性は、新たな環境に応じて変化し、適応する能力によって決まります。それができなければ絶滅します。

この抵抗のパターンは実にわかりやすく、イエスでさえ、それに対して辛辣な言葉を吐いています。「聖なるものを犬に与えてはならない。また、豚の前に真珠を投げてはならない。豚はそれを足で踏みつけ、犬は向き直って、あなたがたを引き裂くであろう」(「マタイによる福音書」7章6節)。いつ、どこで、だれを相手に、スピリチュアルな成熟について話をすればよいかわかれば、失望も大いに軽減されます。相手の理解力のレベルに合わせ、もう少しだけ高いレベルの話をするのです。ケン・ウィルバーによれば、ほとんどの人間はいつでも、知っていることの五パーセントしか改めて検証しよ

※ 新しい商品、ライフスタイル、サービスなどを早期に受け入れ、人々に影響を与えていく人。

うとはしないそうです――それもたまたまタイミングが合えば。しかし、預言者とは、相手に聞く耳があろうとなかろうと気にしない人たちだと思います。言うべきだから言う、真実だから言う。それだけです。

もしも賢明な王や君主の庇護や重用がなければ、預言者や賢人、そして「アーリーアダプター〔先駆者〕」のほとんどは「八つ裂き」にされてしまうでしょう。その人たちの智慧ある言葉は危険な愚かしさにしか聞こえません。イエスの山上の垂訓や、ガンジーのイギリスへの提言や、マーチン・ルーサー・キング・ジュニアのアメリカの白人至上主義者たちへの言葉、ネルソン・マンデラの南アフリカ共和国のオランダ改革派教会への言葉、ハリエット・タブマンのアメリカ革命の娘たちへの言葉、そしてアメリカの修道女たちの、カトリックの父権主義に対する言葉がよい例です。

神と宗教

神学的にも客観的にも、わたしたちは神とつながっています。しかしそのことを信じたり、体験したりすることはたいへん難しいのです。自己肯定感がなかったり、勇気がなかったり、「不思議なこと」を自分の一部にできるほど力強い自我の境界を持っていなかったり、さらに多少なりとも宗教的な内なる体験がなかったりすれば、そうなります。だから、最初の旅はいつでも、外面的なもの、形式や、表面的な感情、旗やバッジ、正確な儀式、聖書の引用、特別な服装などから始まり、それらは本当のスピリチュアリティの代用品です(「マタイによる福音書」23章13－32節参照)。それらは、中身を創り出すための器として用いられなければなりません。そう、それらは本当の中身ではなく、型式であり、雰囲気ですが、それも必要です。しかしあなたの人生を、単なる型式や雰囲気に捧げないでください。法王ヨハネ二十三世のモットーに耳を傾けましょう。「基本的な物事においては一致が、基本的でない物事においては自由が必要だが、そのうえですべての物事には慈悲があるべきだ」。これこそ後半生の知恵であり、なかなか会得しにくいものです。

前半生のわたしたちは、そうした大いなる中身をおさめる器、すばらしい酔い心地のワインを収める酒袋を持っていませんでした(正統的な神体験はつねにあなたを「焼きつくす」が、滅ぼすことはない。「出エジプト記」3章2－3節参照)。モーゼが燃える柴を見て理解できなかったときのように。しかしほとんどの人は、そうした炎を予期していませんし、予期すべきだとも聞かされたことがありません。イスラム教の神秘家たちはこの点についてはひじょうに率直に述べています。ルーミーやカビールやハーフィズの、陶酔的で官能的な詩を見ればわかるように。正統的な神体験とは、つねに「過剰」なものです。それは偽りの自己を滅ぼしたあとで初めて、まことの自己に慰めを与えてくれます。ファストフード的な宗教をお皿に盛るかわりに、この点について正直になることから始めましょう〔2〕。

初期の宗教は、この焼き尽くすという内なる神体験のもたらす莫大な恩恵を、あらかじめ告げ知らせています。それによって、そこでキリストが生まれることのできる正しい厩《うまや》を創り出すのです。残念ながら多くの人は、自分の厩がだれそれの厩よりもよいとか、自分の厩こそ唯一無二の「ただ一つの聖なる、カトリックの、そして使徒伝来の」厩だと主張することに汲々としており、魂の中に神を生まれさせることができません。聖書には、イエスが理想の厩はこれこれだと主張された記述はありません。わざわざ「まぐさおけ」の中で生まれたと書かれているのは、まったく逆のことを言おうとしているのです。人間の住む「宿屋には彼らの泊まる所がなかったからである」（「ルカによる福音書」2章7節）のに、動物たちは少なくとも、場所を空けてくれたのです。

わたしは四十年間司祭を続けてきて思うのですが、教会の行うスピリチュアルな教化の仕事は、真の変容を生み出すには大した効果がなく、ひたすら受け身性を求め、さらには受動的でありつつ攻撃的な反応を引き出しています。伝道者としてのわたしは、日曜日の会衆の興味を引くには、話のレベルを落とさなければいけないことに気づきました。彼らは本物のチャレンジを期待せず、また求めてもいません。またスピリチュアルな、そして知的な好奇心も示さないのです。「神父さま、わたしたちが聞きたい話だけを繰り返してください。ちょっとしたジョークもひとつふたつまじえて」といった具合です。わたしがスピリチュアルな指導者として、社会の不正、離婚、失敗、性的アイデンティティ、祈りという内面生活、福音書の大胆な新解釈というような重要な変容の契機となる問題に直面させられている一方で、多くの人は、日曜の類型的な礼拝にあきあきし、それに限界を感じています。みな善男善女です。でも自分たちの生存競争のダンスを踊りつづけるばかりなのは、だれも聖なるダンスを教えてくれないからです。もちろん聖職者であっても、その先の旅をみずから経験したものでなくては、それを語ることはできません。

つまり、人生の二つの部分それぞれにふさわしい課題をこなす方法を、わたしたちが見つけていないので、年少者も年長者も途方に暮れているのです。年少者は、器を整えることこそがすべてだと考えるように仕向けられています。あるいは、いくつか正しいことを知り、正しい儀式を行っているから、もう成熟していて、「成功疑いなし」と思わされています。この成熟途上の人たちは、大人としての信仰や世界への貢献という試練を味わったことがなく、神秘的な一体感に関してはさらに知りません。みんな混沌とした中年期にさしかかり、ウィリアム・バトラー・イエイツによれば、「そこではあらゆる確信を捨てるべきである。なぜなら悪しきものには感情的な力強さがみなぎっているからである」のです。わたしは教会の、そして現実の混乱の原因は、人生の二つの部分の本当の差異、それぞれの段階が求めるもの、そしてそこでの葛藤に満ちたチャレンジについて明らかにされていないことだ、と確信しています。だからこそ、それを試みてみようと思うのです。

Chapter 2

ヒーローとヒロインの旅

The Hero And Heroine's Journey

われわれは英雄の旅の一本道をたどるしかない。おぞましいものを見出すと予想していた場所で、神を見出すだろう。誰かを殺すことになると思っていた場所で、自分自身を殺すことになるだろう。外へ向かう旅のつもりでいた場所で、自分の存在の中核にたどりつくだろう。ひとりぼっちになると思っていた場所で、世界と一体になるだろう。

ジョーゼフ・キャンベル『千の顔を持つ英雄』

今日、読むことのできる世界中の神話の本のあれこれを見てみれば、ジョーゼフ・キャンベルが「英雄の一本道」と呼んだものが、いやでも目につくでしょう。それは男性にとっても女性にとってもさまざまな形で繰り返されますが、あらわれるシンボルは異なっています〔1〕。英雄の旅のさまざまの段階こそ、本書が伝えたいことの骨子です。ある意味、本書の目的は、この古典的な旅をひもとき、今日ではより鮮やかにとらえることのできる、心理学的・スピリチュアル的な示唆を引き出そうとしているだけです。

この現代はどんな時代にも増して、知識においてもスピリチュアルな面においても、グローバリゼーションの恩恵を受けることができる時代です。

英雄の旅のパターンは一貫しており、イニシエーションについての、わたし自身の研究成果〔2〕を裏付けるものです。この旅に乗り出すとは、おおざっぱに言えば以下のようなステージをたどることです。

1　英雄は、とりあえず恵まれた環境に暮らしています。王子や王女であるか、または、自分ではそれとは知らないながら聖なる生まれであるかです（この忘却は、核心にある宗教的な問題のためには必要な放棄であり、聖なるDNAの発見こそが課題なのです）。思い出してください。オデュッセウスはイタケ島の王でしたが、第二の旅が終わるまではそこを「統治する」ことはありませんでした。

2　英雄たちは何らかの冒険のための召命を受けるか、あるいは勇気を奮い起こすかして、故郷を旅立ちます――何かの問題解決のためではなく、ただ現在のコンフォートゾーンの外に出るためです。例えば、若きシッダールタは宮殿から出てゆきましたし、聖フランチェスコはイスラムの世界への巡礼に旅立ち、王妃エステルやジャンヌ・ダルクは民を守るために戦いの世界に身を投じ、オデュッセウスはトロイ戦争に出征したのです。

3　この旅というか冒険において、彼らは真の問題を見出します。それはつねに何らかの面で「傷つき」、大きなディレンマに遭遇することであって、その結果のさまざまの試練の解決を軸に、物語は動いてゆきます。「傷つくこと」はつねに存在し、大いなる秘蹟というのは、その傷が秘密を解く鍵となることです。それは「聖なる」傷となって彼らを大きく変容させますが、それこそがイエスの傷の正確な意味でもあるのです。

英雄たちの世界は大きく開かれ、活動の舞台はさらに広くなり、彼らも成長します。現在ではオデュッセイア〔遍歴〕という言葉自体、この種の発見や冒険を記述するのに使われています。オデュッセウスは、たったひとり浜辺に残され、故郷に帰るすべもなく傷心の涙を流している姿で、物語にあらわれます。故郷に戻れれば英雄になれるのに。これこそが彼をさいなむ終わりのない傷なのです。なにもかもが不公平です。なぜなら彼はトロイ戦争の英雄なのですから。

4　最初の課題——英雄たちが唯一の課題だと思うもの——は、真実の課題へと彼らを導いてゆく乗り物か、ウォーミングアップのための一つの行動に過ぎません。彼または彼女は、ある状況に落ち込むというか、それは自分自身の人生の中の単なる一つの状況なのですが、そこに落ち込んで通りぬけ、〈真実の生〉を発見することになり、それは見かけよりもずっと深い、隠された川なのです。ほとんどの人はこの人生の一つの状況を、自分のほんとうの人生そのものと混同します。ほんとうの人生というのは、日々のさまざまなできごとの下にひっそりと流れているものです。この深い人生の発見こそ、宗教者が「魂の発見」と呼ぶものです。

5 英雄はそののち最初の出発点に戻ってきて、T・S・エリオットの言葉を借りれば、「その場所をあたかも初めてのように」知ることになりますが、今や国民や村人のための贈り物や「恩恵」を携えています。〈アルコホーリクス・アノニマス〉いわく、人は最終段階として、学んだことを他人に伝えなければなりません――さもなければ真の贈り物は生まれません。英雄の旅はつねに人生の過剰、エネルギーの豊穣の体験であり、それは他人に分かち与えられるほど豊かなものです。英雄はエロスつまり生のエネルギーを発見しますが、それは、死のエネルギーであるタナトスを打ちまかして余りあるものです。

真実の生のエネルギーは、つねに生命の過剰や豊穣さとして体験されます。英雄とはエリク・エリクソンの穿った言葉を用いるならば、定義から言って「生み出す」存在であり、自分自身だけではなく次世代を心にかけるものです。英雄は深い時間の流れの中に生きており、それは個人の人生というちっぽけな時間にはとどまりません。実際わたしは思うのです。多くの人が深い時間と呼ぶもの——つまり過去、現在、未来を同時に体験すること——を経験したことがない人は、英雄にはなれないと。

これは興味深いことですが、まことの「英雄」の古典的伝承は、現代における英雄の理解とは異なっています。わたしたちが現在使う「英雄」という言葉には、社会の構造の中での位置づけがほとんど与えられていません。現代の「英雄」とは、おおざっぱに言えば、大胆不敵で、たくましく、財産があり、有名で、才能があるか、あるいは当人自身が「ファンタスティック〔風変わり〕」で、ほとんどが自分自身のために生きています。これに対して、古典的な英雄とは、どんな労力を払っても「遠くへ行き」、人々のために多くをもたらします。まことのヒロイズムは全体の幸福のためのものであり、そうでなければヒロイズムとは言えないでしょう。

アメリカの偶像たちを見わたしてみると、名声、権力、収入、あるいは才能が、歴史的に、彼らを有名人、あるいは悪名高い人にしてきたものの、結局、英雄にはしませんでした。今日ではセレブになること、生存競争に勝ち抜くことが、しばしばヒロイズムと混同されていて、これはわたしたちの退行のしるしのひとつかもしれません。単に生存競争に勝ち、人生を安泰にすることは、とかげレベルの低い本能です。わたしたちは単に生き残るのではなく、豊かに繁栄すべきです。生き残ることは、それなりの勇気や努力を支払ったのですから、よいことです。が、いまこそ復活した新たな人生で何をなすべきなのか？　それが英雄の問いとなります。

英雄の旅のおそらく最初のしるしとは、故郷を出てなじみのものを捨ててゆくことですが、だれもが人生の前半生でこれを行うわけではありません（実際今日では多くの人が三十代になるまで故郷を離れませんし、まったく離れない人もいます）。もしあなたが独自の成功と立身出世――トマス・マートンのいう、個人的な「救済プロジェクト」――の塔を長年かけて築いてきたとしたら、またあるいは優れた地域的なグループ、宗教、血縁を形成してきたのなら、そこを離れたくはないでしょう（今では多くの人が第二、第三、第四の家〔血縁〕を持っていますが、そうした場合、どうやって故郷を離れることができるのでしょう）。

いったん「家の外」「城の外」へとコンフォートゾーンを離れたら、旅の多くの部分がそれ自体の生と——そして死を——持ち始めます。重要なのは、外に出てさまよい、より大きな真実の課題の中に入ってゆくことです。実際、それこそが建国神話の基本的なプロットラインになります。建国神話とは、現代の三つの一神教を作りだしたものです。ヤハウェがアブラハムとサラに向かって「あなたは生まれた地と親族、父の家を離れ、わたしが示す地に行きなさい」と言われたように（「創世記」12章1節）。わたしたちはどうやら重要なポイントを見失うという驚くべき能力を持っているようです——そして同時に自分に必要な出発地点をも見失っています。建国神話から完全に目をそむけてしまったのです。宗教が疲弊しているのも当然でしょう。

わたしたちはほんとうに「神に従うこと」、あるいは運命、召命、宿命の感覚、オデュッセウスが父や妻や息子を捨てて第二の旅に赴いたような、そんな感覚を失ってしまったのでしょうか。それは、イエスがいくつかの場所で過激に表現されたのと同じような「従う心」です（「誰でも、わたしの元に来ていながら、父、母、妻、子、兄弟、姉妹、さらに自分の命さえも憎まない者があれば、その人はわたしの弟子ではありえない」［「ルカによる福音書」14章26節」）。キリスト教徒は、家族の価値なるものを、この無茶な文面とどう折り合わせていけるのでしょうか。どんな定義から言っても、イエスは、まったく核家族主義者ではありません。なぜ、多くの聖人は「神の意志」を自分の意志の上に置こうとしたのでしょう。平和団体で働く人、伝道団、あるいは海外派遣技術者は、なぜ自分の国を捨てて、あえて困難な土地で働こうとするのでしょうか。それはしばしば「さらなる旅」の感覚、魂からの招待、あるいは神への深い服従の感覚からではないかと思います。

新約聖書のほとんどの召命は、明確に「舟と父」(「マタイによる福音書」4章22節)を捨てよという呼びかけです。イエスは最初の弟子たちを集めるとき、すでに幸福な生活におちつき、宗教的にもおちついている人たちに向かって、さらなる旅を説いたのです。新しい安全なシステムに加入せよとか、何らかの宗派、負債をすべて支払ってくれるかもしれない宗教集団に加われとか、と言われたのではありません。わたしはここでも大いに驚くのですが、聖書を読んでいる多くのキリスト教徒はなぜこれを見落とすのでしょう。しかし、その人たちは最初の課題をまだ達成していないので、第二の呼び声に答えられないのかもしれません。最初の家をちゃんと建てなければ、そこを離れることもできません。家を堅固に建てるのは、皮肉なことですが、その戸口から先へ発つようにうながされるためです。

オデュッセウスは多くの民を征服し、アブラハムは多くの財産を持ち、フランチェスコは遊興にふけり、ダビデとパウロは多くの人を殺し、マグダラのマリアは多くの愛恋に耽溺し、そののちに、旅の次のステージに進む準備ができていました。わたしたちの多くが先に進めないのは、最初の課題をこなさず、前の課題から何かを学ばず、あるいは現在、人から認められるような達成をしていないからでしょう。わたしはアルバカーキの監獄付き司祭を十四年つとめていましたが、そこには十代の魂にいまだに永遠の傷を負って苦しむ人たちがたくさんいました。その人たちは最初の「家」をうまく建てることができなかった、というかまったく建てられなかったのです。親から十分な養育をうけられず、つまり前半生の自分を支えてくれるであろう「鏡像反応」〔鏡像的な良い反応〕を得られませんでした。

人生の後半生へと、わたしたちは誘いこまれ、そこに落ち込んでゆくのですが、その移行運動の一部は、まさに前半生の課題を、少なくとも一部でも終えていることから生じます。前段階を完成させてそれを十分に生きるやいなや、先へ進むことができ、また進んでゆきます。その時が来れば、わたしたちは恩寵のおだやかな運動によって、前方へ漂い出てゆきます――古い計画書は不十分だとわかったり、ばらばらになってしまったりするのです。各人ができることは、与えられている「今」に生きることです。プロセスをあせって早めることはできません。人生のそれぞれのステージをできるかぎりの力を尽くして進んでゆくだけです――そうすると、やがてはもうそれをする必要がなくなります。では、これから「最初の家」の建て方をもう少しくわしく見てみましょう。

Chapter 3

人生の前半生

The First Half Of Life

人生とは、若いときならとうてい耐えられないと思われるほど、魔術的で予測不能、自律的で統御不能、多様で複雑、無限で不可知的、そして魅力的な謎である。

ジェームズ・ホリス『後半生に意味を見出す』

いわゆる「ポストモダン」以前の歴史には、何であれ明確な規則や伝統、習俗、権威、けじめ、倫理を尊重しない文化は存在しなかったと思います。これらの器は、実人生のカオスがあらわれる前、わたしたちが必要とする安全性、持続性、予測可能性、衝動のコントロール、エゴの確立を与えてくれます。わたしの研究結果では、健全で保守的な人間は、万事放任で「自己責任」の世界観を与えられた人間よりも、自然に、かつ幸せに成長していけるように思います。

わたしはこう信じています。「何らかの掟があり、そしてその掟に衝突しながら成長するということがあればこそ、わたしたちは楽に自然に前進してゆけるのだ」と。二歳と十代に起きる反抗期はわたしたちの「基本配線」の中にあり、それに対して抵抗を起こすには、何かしら強靭で、少しは善でないものが必要です。腕を試すためには価値ある敵が必要です。リルケは「小さな物事にしか打ち勝てなければ、自分のことも小さく感じる」と言っています。

自分というものを内側に収納し、後の人生にやってくる矛盾を受け入れるためには、強靭な器が必要です。皮肉なことですが、エゴを手放すには、非常に強いエゴの構造を持つ必要があるのです。規則を相手どって半端でない格闘をしてこそ、それを投げ捨てることができるのです。外界の価値観に抵抗することによって、価値観を内面化することができます。こうしたことは進んでイエスに従い、自らを無にすることのできる、力強い自己を作り出します。現実には、非常に多くの人（特に女性や差別されている人）が不本意な、打ちひしがれた人生を送っています。それは、自己〔セルフ〕をまだ手に入れていないのに、その自己を何とか放棄しようとするからです。

これは多くの人にとって重大なパラドックスで、このパラドックスの二面性については、個人、家族、文化の健全性を保つためにも、明確にしておかねばなりません。これはわたしたちの現在の文明にとって、必要不可欠なことです。両極端に走ってしまう人が多すぎます。「自己犠牲」の英雄的人生を自分のアイデンティティとする人は、最後には周りの全員にもそれを強いて自己犠牲的な英雄的人生にさせようとします。逆に利己的な反抗心はあるけれども、それを手放す訓練をまったく受けていない人は、なにひとつ犠牲にしたがりません。基本的なケースでは、守られている前半生の段階に必要以上に長くとどまると、大人の皮をかぶったナルシシスト、大人子ども（これもナルシシストです）になり――文化の主流からは、それは成功した「永遠の少年」とみなされるでしょう。ビル・プロトキンがわたしたちを「情けない思春期文化」と呼んだのも無理はありません。

しかしながら、前半生の器は、衝動のコントロール、伝統、集団的シンボル、家系の尊重、権威――市民的あるいは教会の掟――への基本的な敬意、善や価値観、祖国や民族、宗教の尊重（例えばユダヤ教では選民思想）を通じて形作られます。もう一度、アルキメデスを引用するなら、世の中に出て行く前に「梃子と支点〔立ち位置〕」の両方を持たなければならないのです。西欧社会の教養人は多くの梃子をもっていますが、堅固な支点を持っていません。アイデンティティも弱いか、おそろしく肥大しているかどちらかです。それを見るにつけても、わたしたちが前半生の課題をうまくこなせていないことは明らかです。それなのに、どうやって第二の段階へ進むことができるでしょう。

多くの人は自分の生活のプラットフォームを自力のみで、それも多くの新しい梃子を同時に動かしつつ築こうとします。CEOやビジネスリーダー、軍人、子を持つ親たちの中には、自分自身についての倫理原則の感覚を持たず、せっぱつまると「倫理選択肢のメニューから選ぶ」人たちがたくさんいます。このパターンは、個々のエゴが完全にコントロール権を握り、多くの悲劇の前触れとなるような傲慢をあらわしています。わたしたちが地道に、文化、宗教、伝統から学んで真の土台を建設する前に、その上部構造を創り上げてしまうと、そうなりがちです。正直に言えば、最初は保守的、伝統的な生き方から始めるほうが楽なのです。この言葉を聞きたくない人もいるでしょうが。

わたしたちはみな、長年かけて培われてきた、永続的な伝統からの助けを必要としています。自力のみでゼロから始めることはできません。人生はあまりに短く、犯さなくてもよい失敗――そして犯す必要のある失敗が数多くあります。わたしたちは社会の家族的なエコシステムの一部であって、そのシステムはわれわれを転ぶこと〔失敗〕から守ってくれると同時に、どうやって転ぶべきか、そしてそのことから何を学ぶべきかをも教えてくれる構造を持っています。グリムの昔話、アンデルセンの童話、ローラ・インガルス・ワイルダーの児童文学作品はいずれも、克服すべきジレンマ、問題、困難、失敗、悪をめぐって書かれています。それらはつねに克服できるのです。

わが子を、転ぶ必要性からもつねに守ってやることは、子どもの役に立ちません。なぜなら、転んで初めて、そこからどう立ち直るかが学べるからです。何度も転びながら、ようやくバランスを取って自転車に乗るのをマスターするのと同じです。スケーターは最終的には、右でも左でも、好きなほうへすべれるようになります。でも、転ぶことを自分に許さなかった人にとっては、転ぶことは、まったく自覚なしに「バランスを失う」ことになります。だからそういう人はたいへん生きづらいのです。しばらく、そのことについて考えてみてください。

規則や伝統は、いかなるスピリチュアルな組織においても必要だと思われます。それはわたしたちの基本的な自己中心性をあばくとともに、それを制限してくれ、少なくとも何らかのコミュニティを作り、家族や結婚生活を営むのを可能にしてくれます。十才くらいの子がゲームのルールを守ることに熱中しているのを見れば、人生の初期には、それにどれほど深い意味があるのかが見てとれます。それは子どもの宇宙を創りあげ、そこに根本的な意味や安全感を与えます。内側に何の制限もない野原しかなければ、人生の初期をうまく花開かせることはできません。子どもはある程度の秩序、予測可能性、そして一貫性がなければ順当に成長できません。マリア・モンテッソーリ、ルドルフ・シュタイナーなど多くの教育界の先人たちが教えているように。カオスと、そのカオスに呑み込まれている両親のもとでは、子どもは泣きわめき、萎縮し、また怒り狂います——内面においても、外面においても。

「犬にささやくもの」と呼ばれるセザール・ミランは、犬というものは自らの自由と感情にまったく制約が課されなければ、おちつくことがなく、しつけもできない、と述べています。犬は非常に明快な制限とけじめのある中で、「おだやかで協調的な主人」とともにいるときのほうが、幸せで安心していられるのです。わたしの犬ヴィーナスは、わたしがリードをしっかりつけて散歩してやるときが一番幸せそうで、また、物事もよく覚えます。人間についてもある段階では同じだと思いませんか。それを認めるのは人として少々屈辱的ですが、わたしはそう思っています。

「十戒」のような掟がなければ、わたしたちの地球上での存在はかなり悲惨なものになるでしょう。もしも相手がほんとうのことを言うかどうか、信頼できなかったら？　あるいは盗みを働くかもしれなかったら？　親を敬うという基本設定がないとか、また、すべての権威を斜めに見て不信を抱くところから人生を始めるとしたら？　両親がお互いに「愛しているよ」と言い合う言葉が空疎な決まり文句にすぎなかったら？　ルネ・ジラールが「模倣的欲望」と呼ぶものが、こんにちの資本主義社会におけるように、何の歯止めもなく野放図に増大するとしたら？　こうした「形の崩壊」はあらゆる文明、そして信頼すべき幸せな世界に死をもたらすのではありませんか。もうそうなっているような気が、わたしにはします。

規則がなければ、人生はアナーキーで混沌としたものになり、その混沌は世代を重ねるごとに増大してゆきます。バベルの塔を建設した人たちの言語がお互いに通じなくなっていったように（「創世記」11章1－9節）。今や中学にも基本的なしつけ学級が必要になっています。なぜなら多くの子どもたちがきちんと育てられていないのは、その親がそうだったからです。この社会では、基本的な人間関係のスキルもなく、内なる規範もない人たちによって、多くの人が言葉上でもまた暴力でも、性的にもそして心理学的にも虐待されています。

前半生において、なんらかの「制約された状況」で鍛えられなかった人は、子どもを育てることができません。自分自身が子どもなのです。ドイツの哲学者カール・ヤスパースによれば、「制約された状況」は、たいてい恐れ、責任感、罪悪感、不安の瞬間を伴いますが、その中で人間の心は禁止や制限と対決したのち、制約のもたらす偽りの安全を放棄し、さらにその先へ、ポジティブな希望を抱いて、自己意識という新たな領域へ入ってゆけます。言い換えれば、わたしたちは成長するために、皮肉にも、制約や禁止を必要としているのです。まったく自由な状況では、それはうまく達成できないか、時間がかかります。神は、アダムとイブにちょうどよい制約の状況を与えました。リンゴを食べるな、と言うのですが、それはふたりが必ず食べると見越してのことです。

仕事を時間どおりにきちんと、信頼できる仕上がりで終わらせたいなら、いくつかの制約の状況に直面したことのある人を雇うのが一番です。そういう人は規律を持ち、時間を守り、ポジティブな自己イメージを持ち、良い仕事へのこだわりを発揮します。もし仕事を成功させたくないなら、甘やかされ、何も特別なことをしていないのに「おれさまは特別だ」バッジを与えられている人、勘定はすべて他人に払ってもらい、基本的な自己中心性をおびやかされたり、足下をすくわれたりしたことがない人を雇えばいいでしょう。はっきり言って、アメリカの労働者と学生の多くはそういう人です。主要な大学が開催する夏季市民講座で、わたしが受け取るレポートの多くは、文体も内容もへきえきするような代物ですが、そういう「大人」たちはA評価がもらえないとショックを受けるのです。この国の未来は明るくありません。

条件付きの愛、無条件の愛

この国では、何百万人もが共産主義、ファシズム、テロリズム、野放しの資本主義（ウォールストリートはまさにわたしたちのイデオロギーの象徴です）といったイデオロギーを信奉しています。たいていは抑圧的な器に入れられたことに対する、または心のこもった器をまったく与えられていないことに対する怒りに満ちた反抗です。どの時代にも増して、わたしたちの時代の社会運動の（ほとんどとは言わないまでも）多くの底には、矛先をまちがえた怒りがよどんでいます。そうしたネガティブな土台を築けば、当然その上にはネガティブな建物が建つのです。

こうした「イズム」は「愛の文明」を築いたことがなく、ポジティブなエネルギーでさえありません。それらは頭脳で考えた理論で、小さなエゴの人格部分からだけ出てきます。魂はその外側で見捨てられ、飢えて、悲しんでいます。大人らしい大人がいないため、わたしたちの歴史の多くは若者の反応、それも過剰な反応、または現在の既得権を守ろうとする衝動によって作られてきました。「この先の七つの世代にとって良いことは何か」というイロコイ族のような深遠な時間のヴィジョンを持っていません。これを現代アメリカの「ティーパーティー運動〔※〕」と比べてみてください。

これを古めかしい宗教的倫理だと思う人には、たとえばエーリヒ・フロムの古典的名著『愛するということ』〔1〕の知恵をお勧めします。彼が言うには、自分の知るもっとも健全な人たち、ごく自然に育てられた人、両親と権威ある人たちの間で育った人は、条件付きの愛と混じり合った無条件の愛を体験しているそうです。このことは聖フランチェスコやジョン・ミューア、エレノア・ルーズベルト、マザー・テレサその他、大きな影響力のある人たちにも当てはまります。わたしには兄妹がいますが、母から条件付きの愛を、父からは無条件の愛を受け取りました。母とは若いときよく喧嘩をしましたが、後年その愛しかたが役に立つことも認めざるをえませんでした。父がそこでバランスを取ってくれていたのも、ありがたいことです。

これは「心理学的にコレクト〔適切〕」という最近の風潮とはまた違うものです。なぜなら、わたしたちはだれでも、自分たちに必要なものは無条件の愛だけだと考えているからです。どんなものであろうと、規則、矯正、ルール、制約は、条件付きの愛の別

※ 2009年からアメリカ合衆国で始まった保守派のポピュリスト運動。

名です。神の条件付き愛と、神の無条件の愛を明らかに示す文章が、同じ「聖書」の中に見出されるのは、興味深いことに思われます。「申命記」と「ヨハネによる福音書」のように。聖書の唯一真正な約束とは、無条件の愛こそが最終目的だということです。

もっとも効率のよい組織とは、「良い上司」と「悪い上司」が密接に組んで仕事をしているものだと聞いたことがあります。良いほうは、わたしたちをしっかり支え、悪いほうは耳に痛い真実を吐き、明確なゴールと期限を設定します。わたしたちが持つ、自己の尊厳感、そして自由を制限されることへの過剰な反応は、親としても配偶者としてもあまり役に立つものではありません。雇用される者、学生、講演者、チーム競技の一員、そして市民としてのスキルが求められる場合についても、同じです。人間的でありながら正義の文明を生み出すには努力が要るようです。

この点、フロムはすぐれた洞察を行っており、彼の智慧はわたしが長年観察してきたところともぴたり一致します。わたしたちには腕試し、〔家畜を追いたてる〕突き棒、ぶつかるための壁が必要で、それがあってこそ適切なエゴの構造が創られ、強いアイデンティティが持てるのです。そうした腕試しによって、わたしたちは自分の価値観を深め、感情の機能を陶冶し、ナルシシズムから抜け出すことができます。制約との衝突が教えてくれるものは、たいそう大きいのです。「もし律法が『むさぼるな』と言わなかったら、わたしはむさぼりなるものを知らなかったであろう」とパウロは、規則に反対する名言を「ローマ人への手紙」（7章7節）の中で述べています（パウロという人はかなり神経質でしたが、スピリチュアルな天才でもありました。神経質と洞察力がひとりの中に同居できるということを知るのは良いことです）。

親や権威に対してあまりにも長く不平を鳴らしつづける人は、自身がナルシシストのままか、あるいはナルシシストになっていきます。わたしは監獄での聴聞司祭やカウンセラーとしての経験上、さまざまなレベルの人を見てきてそう思います。アメリカではしばらくの期間「アイデンティティが傷つけられた状態」（被害者意識をアイデンティティとして用い、同情を買う切符、人の役に立てないことへの言い訳とする）でいることは認められています。しかしイエスや多くの人々は自らの傷を、みずからと他者を解放する聖痕に変え、「世界を贖う」ことをしたのです。

自分の傷を社会へのギフトに変える驚くべき人々に光を当てることができなかったら、オプラ・ウィンフリーのTVのショーも成立しなかったでしょう。しかもそうした人たちは表向きまったく信仰の篤い人ではないのです。けれども他者を思いやり、自分たちと同じ仕打ちを受けないように願います。イエスの語った二人の息子の話が思い出されます。ひとりは口では正しいことを言うのですが、口先だけで行動せず、いっぽうもうひとりは言うことは正しくないのですが、葡萄畑に行って仕事をします。イエスは、最終的に行動に移すものは、それが取税人であろうと、娼婦であろうと、また「きちんとした信仰の体系」を持っていなくても「父の意志」を果たすものだ、と言われます（「マタイによる福音書」21章28－32節）。イエスは、多くの愛を受けられなかった人々の中に、よく愛を見出します。愛を深く求める心が、愛を受け取り、与える大きさとなるのです。これはわたし自身の人生経験ともよく一致します。

創造的なテンションを保つこと

成熟した人たちは必ず、厳しかった両親、規律正しい教会、鬼コーチ、口うるさい教授たちに感謝します――ただし何年も経ってからです。それは自分が何かを乗りこえて、そして全体の中にみずからを位置づけることができた、はっきりとした証です。それは五十代から七十代にかけて起こることが多く、よほど早く成熟する人はともかくとして二十代から四十代くらいでは、めったにありません。もちろんひどい傷手――たとえばレイプや虐待やいじめ――にあった場合は、その傷を癒して成長するのに、もっと時間がかかります。

わたしは、あなたがたをひじょうに創造的な緊張感〔テンション〕の中に置き、いやでなければ、そのテンションの中にとどまってもらおうと思います。それが創造的なテンションであることは保証します。なぜならパウロが「ローマ人への手紙」や「ガラテア人への手紙」の中で述べたように、規則と自由の両方が、スピリチュアルな成長のためには必要だからです。これはイエスの教えですが、イエスは七度続けて「律法はこう定めるが……しかしわたしはこう言う」（「マタイによる福音書」5章21節－48節）とするいっぽうで、「わたしが来たのは律法や預言者を廃止するためだ、と思ってはならない。廃止するためではなく、完成するためである」（5章17節）とも言っておられます。まさにこうした創造的テンションを保つようにはっきり教えられているにもかかわらず、ほとんどのクリスチャンはそれをこなせていません。わたしたちは掟の前にひざまずくか、それに怒りをぶちまけるかどちらかで、どちらも未熟な反応です。

実際、ユダヤ教徒、ヒンズー教徒、仏教徒でありながら、この課題をずっとうまくこなしている人を、わたしはたくさん知っています。でもキリスト教徒には規則と自由を同時に生きる術を教わっている人がめったにいません。西欧の二分法的思考は、パラドックスをうまく扱えません。瞑想的な心がなければ、創造的テンションの保ちかたが分かりません。性急に裁定を下し、割り切った解決をつけるのは得意ですが、二つのものが同時に教えてくれる物事をなかなか学べないのです。そういうものは叡智の道ではなく、人生の前半生の道です。

「原始的」で自然な社会は、今日のわたしたちよりもこの緊張をうまく保っています〔2〕。多くの伝統的な社会は、人生の前半生を極めてうまく使うことで、健全な精神とエゴの構造を創り上げています。わたしたちよりも「発展途上」だし、個人の存在が認められているわけではないのですが。わたし自身、こうした例をインド、フィリピン、ラテンアメリカの土着の「発展途上の」民族の中に見てきました。彼らはわたしたちより神経症的でも不安症でもなく、失敗や喪失に、はるかに楽に対処できます。アメリカのヒスパニック系の貧民街やブラジルのスラム、南アフリカの非白人居住地域に行ったことのある人なら、深く納得できる話です。オウエン・バーフィールドによれば、彼らは現実に対し、神に対して、単純ながら大きな変容をもたらすような「独特の参加感」

を楽しんでいます。

西欧世界では、監獄を建てても追いつかず、この教養高く宗教的で洗練された社会の中には、傷ついた人々すべてをケアできるような支援グループ、セラピスト、再養育の施設の数が足りません。この社会は、制約や制限に対する敬意をあまり抱かず、資格や称号を大いに崇拝しています。どうしてこうなってしまうのでしょうか。神経症や抑鬱が例外ではなく、一般的な規範になってしまうとは何事でしょうか。この社会の大人は大人とは言えないような気が、わたしにはします。ほんとうの大人があらわれたら、わたしたちはみな、その人と恋に落ちるでしょうに。

規則や権威に対する先入見は、もう数世紀も続いています。伝統や制約にかかわるものは、抗議活動、啓蒙と言えない啓蒙運動、あるいは民主主義の台頭（いずれも必要なものではあるのですが）以来、魅力を失っています。いまでは子どもたちを放任しておいて、幸運かインスピレーションかの力で、魔術的に叡智に達することが期待されているようです。エゴは、前半生を通じて、いえ、そのあとも、完全な主導権を握るべきではありません。この完全にオープンなフィールドにおいては、あまりに多くのオプションが示されていますが、そのオプション自体がすぐにわたしたちをこづきまわし、コントロール権を奪ってしまいます。規則と構造はしばしば過ちを犯すものではありますが、わたしたちの幼児的な自己肥大に対してある種の制約をかけ、こちらが外界との有意義な関係を持つ準備をさせてくれます。外界にはそれなりの正しさもあるのです。

うまくこなせない前半生

規則や権威、伝統の誤った用い方が、人間の歴史や個人の発達に及ぼした害についても、わたしは深く実感しています。構造と権威への依存がもたらす、破壊的で未熟な状態についてもよくわかっています。それがしばしばもたらす怒りや盲目性は悲惨なものです。必要な自信や、必要な自省の両方を奪ってしまうからです。これは今日の政治的論争に、人々の基本的な自己認識の欠如（あまりに性急な答えは、必要な自省の時間を妨げます）に、そして、すべての宗教的世界における恐ろしい原理主義的思想に、見てとることができます。

史上のほとんどの戦争、虐殺、悲劇は支配的リーダーに考えなく従う人たちが起こすものです。けれどもそうしたリーダーとそのイデオロギーの域内——それが悪につながるとしても――の中にとどまることには、奇妙な安心感があります。自分で考え、個人で責任を取る必要がなくなるからです。わたしたちは慣れ親しんだもの、習慣的なもの、いつもと同じ仲間を好む存在で、良きにつけ悪しきにつけ、早期にすりこまれたものに縛られています。ほとんどの人は、必要にせまられるまで、自分のホームベースの安全と無難さから離れようとしません。それだから福音書が何度となく、家や故郷やしがらみを捨てよ（「マルコによる福音書」1章16－20節）と呼びかけるのです。この必要な離脱がなければ、秩序自身、そして「自分」固有の秩序が、一種の「救い」のように感じられるでしょう。これはしばしば、成熟した宗教が提供する本物の解放に対して、よく見られる偽の代替物になってきたのです。「規則を守れば、規則がおまえを守ってくれる」と、わたしたちは神学校での第一日目に教えられます。フランチェスコ会はもっとよく考えてほしいものです。

しかし、わたしはどちらかを選べと言いたいのではありません。どちらをも、と言いたいのです。それは「例外があることが規則の正しさを示す」ということではなく、規則の喪失や侵犯が、なぜか逆に掟の重要性や目的を教えてくれるということです。まずエデンの園の果実を食べれば、どんな味かがわかり――それを食べるのをやめたときに、何を失うかもわかるのです。わたしたちポストモダンの世代は、おそらく、規則を知り、規則を批判するという両方の自由をもった史上最初の人類です。それがすべてを変え、意識を迅速に進化させてくれます〔3〕。

ローマ・カトリック教会において、わたしたちはいわば「失われたペルソナの取り戻し」とか「〈古き良き時代〉に戻りたい欲求」の、莫大な例証を目のあたりにしています。それは安全な頂上に登りつめたいま、手を取りあって歩もう、という運動です（が、わたしはそれには賛同しません。というのも、わたしはその古き良き時代に暮らしたことがあり、それは多数の人にとって必ずしも良い時代ではなかったからです）。わたしたちは特に、教会を安全システムかつ永久就職の場所として求めた、若い司祭たちの中にこの欲求を見てとります。

しかしながら、いまや新たな部族主義が、世界中のさまざまな宗教の中に見いだされつつあります――自分のルーツ、自分の伝統、自分のシンボル、民族的アイデンティティを、そして自分独自のアイデンティティを再発見する欲求です。それはときにアメリカを支配している「アイデンティティ政治」と呼ばれることがあります。六十億の人口の巨大で恐るべきグローバリゼーションのただなかにいれば、その気持ちはわかりますが、それでは党派主義的分離に足を引っ張られることになり——成熟した大人ならではの、党派を超越した境地を達成できません。相手側をやっつければ、真理のより高いレベルが達成されると思っているのです。まことに哀しいことですが、それが怒りと恐れに満ちた二分法的思考の論者の精神の限界なのです。

前半生の課題を達成できないとき、人は戻ってやり直しますが、そのとき往々にしてやり過ぎてしまいます。このパターンは、古風なスタイルやシンボルを、非常に現代的な消費主義、テクノロジー、軍国主義、そして個人主義のイデオロギーとちぐはぐに合体させてしまいます。それはその人の盲点になりやすく、彼らは真の保守主義者にはなれません。実際、新保守主義者はたいてい、近代から現代への進歩とシステムの中での移動可能性を、熱心に支持する人たちです。福音主義者、モルモン教徒、〈伝統主義的〉カトリック教徒。実際の行動でもって大規模なライフスタイルの変化を押し進めた集団、たとえばアーミッシュ、シェーカー教徒、メノー派教徒　カトリックワーカー、クララ童貞会や、クエーカー教徒のほうこそ、真の保守主義者と呼ばれるべきかもしれません。

十四年間監獄付きの司祭をしていると、このパターンがよく見えました。収監されている人は過度に信心深く、道徳的になり、ひじょうに法律を遵守し（信じられないかもしれませんが）、たいていはすべてを知的に解釈します。性急で、もしかしたら未発達のままの、しかし公には犯罪者と見下げられる自分自身の償いをするために、何でもするつもりでいます。わたしはカトリックの司祭で、わたしがめったに信じないこととは、多くの「宗教的な」言葉とイエスさまにまつわる言葉です。繰り返しますが、それは失敗した前半生の後悔に満ちた修復を求めるものです。長い目で見れば、それはめったに効を奏しません。

最近の研究によれば、ここ十年ほどの間に神学校に入る若者の大多数は、片親の家庭で育ち、いわゆる「父親の傷」〔4〕を高い割合で抱えています。「父親の傷」は、父親の不在、感情的支援を与えない父親、アルコール中毒や虐待的父親像の形をとります。この現象は、カトリックの神学校で、また監獄で、軍隊で、つまり全員が男性であるシステムで働いていたわたしの経験に、ずばり一致しますし、こうした人たちの多くはポストモダンの西欧やアメリカで育っています。これらの地域では、一九六〇年代後半以後、なにひとつ確かで恒常的で安定したものがなく、教会でさえ第二次バチカン会議で、自らを建て直そうとしていました。

一九六八年頃にはすべてが混沌状態でした。それから十五年ほどは、小児愛や、ヒエラルキーによるそのもみ消し問題が表に出て、スキャンダルの連続でした。司教、司祭、そして神学生たちには、前半生の課題をうまくこなす機会がなかったのです。彼らは精神的欠乏の中で育ち、まずやるべきであったことを、もう一度たどり直したと言えます。自分たちの咎《とが》ではないのに、一連の発達の流れから外されていたのです。彼らは優秀で安全な「部族」、自分の属する部族を求めていました。教会のような、男性オンリーの団体によって、息子として得られなかった男性性のエネルギーを得ようとします。または、「自由競争」や社会的成功という男性性のゲームを受け入れます。わたしも同じだったのではないかと不安です。そうでないとよいのですが。

その結果、ある世代の神学生や若い聖職者は、きわめて厳格なリスク回避型の性格になり、想像上の安全な優越集団の周りに、ぐるりと陣地を敷き並べ、衣服、称号、特典そして宗教の外面的な部分に対して、大いに熱情を注ぎこみました。そして世界に対しては、自分自身のコントロールや自己弁明以上のなんの寄与もしませんでした。世界教会主義、宗教間対話、そして社会正義は彼らにとっては無意味でした。自分自身のアイデンティティを穏やかに、かつ堅固に保てるようにならないかぎり、他者との対話はありえません。前半生に得られなかった家族、子育て、安全、秩序、プライドをいまだに作ろうとしているかぎり、後半生のスピリチュアルな面について多くを知ることはできません。

わたしの世代の多くは、この昔ながらの道に戻ることはできません。それがまちがった道だからではなく、まさに、すでにたどったことのある道だから、そしてそこから学んできたからです。不幸なことに、この世代の教育者、司教、政界の指導者たちは、いまだに個人的な成功の塔を積み上げている途中で、若者を導いたり、初心者に課題を出したりする余力がないのです。ある意味では、彼ら自身が初心者です。自己探求は心理学の領域、愛は「女性的な温和さ」の領域、批判的思考は忠誠心のなさとされ、掟、儀式、そして司祭としての力量が、実際の聖なる出会いや率直な人間関係に、有無を言わさず取って代わります。どんな教会にとっても社会にとっても、よい未来ではありません。

ですので、これらを貫く道筋を眺めてみましょう。なぜならスピリチュアルな観点から言えば、行き止まりの袋小路というものはないからです。神はなんとか、これを利用して、わたしたちみなを〈大いなる生命〉のほうへ引き寄せられます。けれども、わたしたち自身がみなに共通する擬装と袋小路を理解できれば、もっと自然な前進の道があるでしょう。

忠実な兵士を解任する

コロラド州デュランゴのアニマス・インスティトゥートのビル・プロトキンは、自然の中での長期断食とヴィジョンクエストの講座を行っています。それは彼いわく「エゴ中心」の世界観から、「魂中心」の世界観〔5〕に向かう意義深い移行プランです。わたし同様プロトキンも、この世界の多くがエゴ中心の、前半生状態にとどまっていることを憂いていました。この講座は第二次大戦後の日本の置かれた歴史的状況をなぞるようなもので、前半生のアイデンティティから、後半生の成長へと移行するのを手助けします。日本社会は戦後のその状況で、帰還兵士の多くが市民社会に再加入する準備ができていないことをよく知っていました。軍人たちの唯一のアイデンティティは、前半生において国家に忠実な兵士であることでしたから、有用な市民として社会に戻るには、より幅のあるアイデンティティが必要でした。〔6〕

そこで日本の社会では、公の場で兵士たちに感謝を捧げ、その功績を大きく讃える儀式が催されました。しばらく顕彰の言葉が続いたあと、ひとりの長老が立ち上がり、権威をもって、次のようなことを述べます。「戦争は終わった。社会は、諸君とわれわれを今日まで支えてきたものと決別する。諸君は人間として、市民として、兵士以上の存在として、この社会に帰還してもらいたい」。わたしたちの行うこの「ワーク」では、これを「忠実な兵士を解任する」と呼んでいます。

こうした幕引きは、人生の大きな移行に際しては多くの人にとって、大いに必要となります。そうした移行の儀式の感覚をわたしたちは失ってしまったので、たいていの人は後半生への明確な一歩を踏み出せません。前半生の持つ世界観が頭打ちで制約的であることを、だれも教えてくれないので、そのままを後半生に引きずってゆきます。賢明な日本人は、幕引きと移行と新たな方向付けを創造しています。今の西欧人は儀式をあまり持っておらず、このことにおいて歴史のどんな時期とも異なっています。教会の秘蹟でさえ、圧倒的に、わたしたちを群れの中にとどめ、教会の忠実な兵士たる聖職者に結びつけておくために行われています。イエスが人々を促した、外へ、先へ、の旅の話などは出ません。

国家が求めるのは忠実な愛国者や市民であり、思索家、批評家、より大きな世界の市民ではありません。わたしたちが抑鬱や薬物中毒を――それも年配世代や教会の中で――抱えてしまうのも無理はありません。彼らの全生涯は、教会と国家への協力の中に窮屈に押しこめられていたのです。

忠実な兵士というのは、イエスのされた放蕩息子のたとえ話の、兄のほうにあたります。兄は厳密な社会制度やそこでの認知や従順、父への服従に忠実でしたから、その父本人が催した「祝宴」にさえも、呼ばれても来ようとしませんでした（「ルカによる福音書」15章25節－32節）。来たということはほのめかされていません。これは第一段階の宗教における、なんという決断でしょう。しかも目上の人の招待なのに。イエスはまた同じことを、パリサイ人と取税人のたとえ話で語られています（「ルカによる福音書」18章9－14節）。パリサイ人は忠実で律法に従っていますが、イエスは彼らを正しいとせず、いっぽう取税人のほうは律法に従ってはいませんが、「神のもとで正しい」と言われました。これは、わたしたちの功労賞バッジを求める生き方を転覆させる、古典的な「反転神学」〔reverse theology〕です。兄もパリサイ人も忠実で良き宗教的兵士です。わたしたちがよく教会で求められる信者像ですが、イエスはふたりとも本質を外している、と言われるのです。

わたしたちは自分の中の忠実な兵士の声に従って、前半生を安全に切り抜けてきました。道をわたるときは左右に注意せよとか、中毒気質や激情をコントロールすることの他に、自分に対して聖なる「ノー」を言うことを学んできました。それが自らに尊厳やアイデンティティや方向付け、存在意議、あり方を与えてくれたからです。新たなスタートを切るに当たっては、ここからの脱却が必要です。保守的な世界観や、伝統への敬意をもって人生を始めるほうが楽です。それは「居場所」の本来的な感覚を与えてくれるので、長距離走の場合にはそれは大いに役立ちます——たとえそれがいずれ「反抗することになる突き棒であっても」(「使徒行伝」26章14節)。けれど多くの人が、最初の居場所に愛着を持つあまり、そのまわりに柵を張りめぐらすことに全人生を費やしてしまいます。

もちろん三十才までわたしたちを守ってくれる忠実な兵士の要素がなければ、世界中の牢獄や精神病院はもっと混み合っていることでしょう。テストステロン〔男性ホルモン〕や中毒、エゴ、乱交、虚栄心が人生の大半を占めてしまうでしょう。忠実な兵士がいなければ、方向を見失い、自己を形成できず、よりどころも、自分を支えてくれる人間関係も得られません。なぜなら「わたし」が基盤を持たなければ、人間関係も生まれないからです。押すべき梃子はたくさんあっても、支点〔立ち位置〕が見つからないということになります。

しかし逆説的ですが、あなたの忠実な兵士は、多くの安全性や価値観を与えてくれるので、その声を「神の声」と聞き間違えやすいのです。むろんこの内なる批判的な声が、内なる権威として長年あなたを守ってきてくれたのでなければ、まことの「神の声」も一生聞こえずに終わるでしょう（効果を大にするために、この文をもう一度読んでくださ い）。忠実な兵士とは、あなたの初期の権威者像の集大成の声です。恥辱や罪悪感や警告、けじめ、自己懐疑を教えてくれ、その声は決して止むことはありません。それが女性の声かもしれない、ということもわきまえておいてください。でも、それは、わたしたちの力をつねに奪うのではなく、逆に与えてくれる「静かで小さな神の声」（「列王記」上19章13節）ではないのです。

この忠実な兵士はあなたを後半生へと連れていってはくれません。後半生が何たるかも理解していません。そこにいたことはないのです。この兵士は黒白をつける思考法が必要な、前半生でのさまざまな決断によって「地獄を何とか通りぬけさせてくれる」ことはできますが、中年、老年の精妙な生き方に向かうときには、さよならを言うべき存在です。日本人も、そしてギリシア人も正しかったのです。オデュッセウスは『オデュッセイア』全編を通じて忠実な兵士でありつづけ、英雄ならではの力でひとりで舟を漕ぎましたが、やがて盲目の預言者が、この先を求めるなら櫂を置くべきだと伝えました。『神曲』をご存じならわかるでしょうが、ダンテが、地獄と煉獄の道案内であったウェルギリウスと袂《たもと》を分かったのは、このさき天国へ導いてくれるのはベアトリーチェだけだと知っていたからです。

ウェルギリウスは前半生を生きる男性です。ベアトリーチェは後半生の女性です。前半生で、わたしたちは魔物と戦い、ときおり「勝利」の幻想と高揚を抱きます。後半生では、わたしたちは神と戦うことになるので、必ず敗北します。最初の幾つもの戦いはエゴを強め、しっかりとした忠実な兵士を創りだします。第二の戦いではエゴが敗北し、神がつねに勝ちます。ですから、誰もが最初の、忠実な兵士を捨てたがらないのは当然です。誰もこれ以上に成長できるという信頼を持っていません。エゴは、相手が神であっても、負けたくないのです。

忠実な兵士は、フロイトがスーパーエゴ〔超自我〕の概念で記述したものと同じです。

それはフロイトによれば、大人として形成されるはずの真実の良心の代用品になっています。スーパーエゴは神のように感じられます。なぜなら他には誰に導いて貰えばよいのかわからないからです。そうした偽の良心の正体は、変化と成長への抵抗と、他人を変えるのではなく、みずからが変わる勇気という本物の倫理感とはかけ離れた安っぽい倫理感です。イエスは「あなたがたは、ぶよは濾《こ》して除くが、らくだは呑み込んでいる」（「マタイによる福音書」23章24節）と言われました。わたし自身、聴聞司祭、スピリチュアルな指導者として活動しはじめるまでは、この考えがこれほど大手をふってまかりとおっているとは思いませんでした。

　後半生には、耳を傾けて従うべき、より深い神の声があります。その声は危険、信頼、幸福、魂、「常識〔共通感覚〕」、運命、愛、見知らないけれど、なつかしいもの、あなたのもっとも深い自己、魂の「ベアトリーチェ」の声です。まことの信仰の旅はこの地点から始まります。これまでのすべては準備段階だったのです。ようやくわたしたちは、真実の人生の中身を納めることのできる強い器を手に入れました。それは矛盾、冒険、無限の挑戦に満ち満ちています。心理学でいう全体性とスピリチュアルな聖性は、解決にまつわるさまざまな問題を受けとめます。それは全体性であり、つまりつねにパラドックスを持ち、物事の光と闇の両方を含んでいます。全体性と聖性はつねにわたしたちを拡大し、小さなコンフォートゾーンの外へと導いてくれます。まさに、そうなのです。

ですから、神、人生、運命があなたの魂にかけている「忠実な兵士であれ」という枷《かせ》をゆるませなければなりません。これまでの人生ではそれが唯一の自分だと思い、唯一の権威ある答えだと思ってきたのですが。「忠実な兵士」は三十五才から五十五才のあいだのどこかで解任されはじめます。解任がきちんとなされる前までは、それは単なる反抗や因襲破壊の行動に終わります。

忠実な兵士を解任することは、辛い死、最初のホームベースからの追放になることでしょう。バビロンに追放されるイザヤのような気分になるかもしれません。(「わたしは言った。人生の半ばでわたしは行かなければならない。陰府の門に、残りの年月を引き渡して」「イザヤ書」38章10節)。内なる権威(エレミヤの言う〈あなたの心に書かれた掟〉「エレミヤ書」31章33節)を見出すためには、忠実な兵士を解任することが必要です。前半生の人生にいる多くの人は、ウェルギリウスやテイレシアス、ベアトリーチェのような導き手や友人がいないかぎり、またはつまずきの石にぶつからないかぎり、その先への一歩を踏み出せません。わたしたちの宗教的文化には、内面化された成熟した良心の必要を理解している人はほとんどいないので、賢明な導き手を見つけるのはかんたんではありません。モーゼがあなたを出エジプトの旅に連れ出す前に、多くのアロンがあなたに黄金の子牛像を造ってくれるからです。

ふつうわたしたちは忠実な兵士というものが、人生の真の課題――愛、死、苦しみ、繊細さ、罪、神秘など――を欠いていたり、有能でなかったり、不足があるということに気づくまでは、彼を解任できません。いまここで話しているのは、別の形の転落と死です。神話学の世界においては、必ず冥界、黄泉《よみ》、地獄、煉獄、死者の世界が設定されています。これらは天国へ向かう必然的な道に比べれば、優れた代替物ではないかもしれません。

「使徒行伝」を信じるなら、イエスでさえ、天にあげられる前に「地獄に下りた」ことになっています。ここを見落とすのは奇妙ではありませんか。わたしが研究してきた世界中のイニシエーションの儀式においては、「死ぬ前に死ぬ」必要が説かれています。初めて、自分の忠実な兵士を解任したとき、それは信念の喪失、自我の喪失のような気がすることでしょう。けれどもそれは偽りの自我の死に過ぎず、魂の新生なのです。エゴに追い立てられるのではなく、魂に引き寄せられるようになります。この亀裂を越えるのに必要な叡智や導きは、渡し守カロンが地獄の川ステュクスを渡してくれるときのような、あるいはヘルメスが魂を導いて恐ろしい境界の数々を越えさせてくれるときのようなものです。彼らは真正な魂の友であり、ときにわたしたちは彼らをスピリチュアルな監督者、あるいは長老と呼ぶことがあります。ケルトのキリスト教世界では、彼らはアナム・カーラ〔anam chara〕と呼ばれます。

ヘラクレス、オルフェウス、アエネーアス、プシュケ、そしてわれらのオデュッセウスが死者の領域を旅したこと――そしてそこから戻ってきたことを思い出してください。ほとんどの神話はどこかで冥界への下降を扱っています。先述したようにイエスも「地獄に下りた」のち、三日後に「天に昇った」のです。たいていの人生は「第一日、第二日目」のように生きられることになります。変容が起き始めているけれど、それがまだ自分ではわからない、まだそこに達していないぎりぎりの移行途上の日々です。男性の修行の中ではこれは「リミナル・スペース」〔閾の空間〕〔7〕と呼ばれています。

〈十字架の聖ヨハネ〉はこう説いています。神は魂の中でひそかに、そして闇の中で働くものであるが、それは、何が起きているかをわたしたちが知れば、そしていかなる神秘／変容／神／恩寵が最終的にわたしたちに何を求めているかを完全に知ってしまえば、わたしたちはその責任を無理やりになおうとするか、あるいはプロセス全体を止めてしまうからである、と〔8〕。だれも自分の滅びを見越して喜んで迎えるものはいません。それが偽りの自我の死であるとしても。

神はいわば、わたしたちの幻想を、秘密裏に、わたしたちが見ていないとき、コントロールしようとしていないときに剥がしてくださる、と神秘主義者は言います。それゆえ神をあらわす最高の言葉とは「神秘〔mystery〕」なのです。わたしたちは理解もできない道を、そして時間と恩寵の静かな働きの中を進んでゆくことになります。そこに到達しても、どうやってそれが起きたのかはやはりはっきりわかりません。そして成長が続いているかぎり、だれのおかげかなどということに神は拘泥されないと思われます。ニッサの聖グレゴリオスは四世紀にこう言っています。「罪は成長を拒んだときに始まるのだ」

Chapter 4

生の悲劇的感情

The Tragic Sense Of Life

深みには、心理学が警告してくれた暴力と恐怖がある。しかしそうした怪物を乗りこなせば、あるいは世界の縁で彼らを振り落とせば、科学が認知したり名づけたりできないもの、すなわち回路基板、大いなる海、マトリックス、ほかのものすべてを結び合わせるエーテル、永遠に善に善の力を与え続けるもの、悪に悪の力を与えるもの、そういう〈統一場〉を見出すことができる。そこでは複雑で説明不可能な、おたがいに対すると同時に共に営む人生への思いやりがあるのだ。それは与えられるものである。学んで得られるものではない。

アニー・ディラード『石に話すことを教える』

（内田美恵訳・めるくまーる社1993／右の引用は訳者・井辻による訳）

「生の悲劇的感情〔tragic sense of life〕」という、このフレーズは、スペインの哲学者ミゲル・デ・ウナムーノが二十世紀初頭に唱えて有名になりました。彼はヨーロッパ社会に向かって大胆にも、きみたちは信仰の意味を西欧の「進歩」主義にあわせて解釈し、ゆがめてしまった、と言ったのです。本来の意味は、ユダヤ＝キリスト教の聖典の中にはっきりと記されている〔1〕ものなのに、と。イエスとユダヤ人の弟子たちは「生の悲劇的感情」というものに、よくなじんでいて、そのために現実の姿や性質は、彼らにとっては、まったく違うものに感じられたのです。ウナムーノにとっても、そしてわたしたちにとっても、いまだにそうなりうるはずです。

「生の悲劇的感情」という明快で素朴なフレーズからすれば、ウナムーノは、人生は今も、いえ昔からずっと、まっすぐにのびる直線ではなかったのだと言おうとしているようです。彼によれば、人生は全体的な完璧な秩序ではなく、むしろ例外や不調和に彩られています。聖書の伝統からすれば、人生は喪失にして再生、死にして復活、混沌にして癒しなのです。人生は反対物の衝突から成っています。ウナムーノは、生命には死をすら呑み込めるほどの強い力が秘められているので、信仰〔faith〕とは信頼〔trust〕に等しいのだ、としています。信仰も理性を含みますが、ウナムーノにとって信仰は理性よりも大きいカテゴリーです。真理とは、実際的な問題を解明したり物事をうまくゆかせたりするだけのものではなく、相反するものを和解させるものです。あるものが直接的な効果を持っているからといって、それが真理だとか良いことだとかは言えません。

人が喜ぶからといって、真理ではないのと同じです。人生は本来的に悲劇であり、それは、わたしたち流の論理ではなく、信仰のみが受け入れることのできる真理です。かのスペインの偉大な哲学者の思想について、素人のわたしは、その一部かもしれませんが、そんなふうに理解しています。

〈悲劇的〉な自然界

現代では、量子力学が、ウナムーノの説明が正しいかもしれない、と裏書きしてくれています。ニュートン流の世界観では、すべてのものには原因と結果があり、それは因果律の支配する世界です。すべての因果関係は明確であり、定義可能とされます。しかし、わたしたちがうかがい知りはじめた真実とは、宇宙は、人間の動機と同じように多くの原因がからみあう網の中を通ってゆきながら、たえまなく増大する多様性、多重性、ダークホール、暗黒物質、さまざまな形での死、再生、喪失、革新——それに、暴力、「合理性」〔reason〕の規則の絶えざる破壊、そうしたものをさえ生み出しつつあるということです。そのために、賢明な人は、もっと包括的な規則、もっと大きな「論理」

〔logic〕を探し求めはじめています。

自然は秩序というよりは無秩序、画一性よりは多重性であり、そして最大の無秩序とは死そのものです！　スピリチュアルな生き方において、そして現在では科学においても、わたしたちは、既成の規則の中にすべてをはめこむのではなく、例外を尊重し、例外から学ぼうとしています。イエスとパウロは「兄弟姉妹のうちでもっとも小さきもの（「マタイによる福音書」25章40節、そして「コリント人への手紙」12章22節－25節）を尊重せよ」、そして「もっとも手厚く遇せよ」と言っています。わたしたちが「普通」とか「まとも」とみなす世界のへりや端にいる人たちこそ、もっとも多くを教えてくれるのです。そういう人たちは物事の影と神秘的な側面を、明らかにしてくれます。そうした例外に触れることで、わたしたちはいわゆる規則、普通と呼んでいるものを見直し、再定義することになります！　例外があるということは、わたしたちを、不安を一掃する解決に突っ走らせる代わりに、謙虚に探し求める存在にします。

わたしたちの日々の経験は、プラトンの宇宙的で完璧な「形相〔エイドス〕」や「イデア」に比べても、まったく遜色のないものかもしれません。それは途方もない多様性や、闇の内側のニュートリノの光が照らすあらゆるテーマのヴァリエーションに満ちています。子育てをするオスのタツノオトシゴから、人知れず夜にだけ咲く珍しい花にいたるまで。イエスは例外的な存在を、特別視しませんでした。娼婦でも、酔っ払いでも、サマリア人でも、皮膚病患者でも、異邦人でも、取税人でも、さまよい出たわがままな羊でも。イエスは、例外の人たちへの同情よりも自分なりの秩序を好むような教会の筋金入りの詐欺師たちではなく、むしろアウトサイダーの人たちとともに食卓を囲みました。知的発達が遅れていたり、頭がおかしいとされたりする人がひとりでも身近にいれば、わたしたちは「救済」の定義としての、ある種の「正しい〔correct〕考えの必要性」についての考えを見直すことになるでしょう。とはいえ、正しく「考えない」人を排除し、拷問してきた長い歴史が、わたしたちにはあります。

わたしは、ひじょうに正統的な神学者であった、教会史の教授の最後の言葉を覚えています。四年間の授業が終わった日、彼は教室から出てこう言いました。「何と言っても、あらゆることは語りつくされ、実行されてきた。教会の勧める『行い』は、イエスよりもプラトンの影響を多く受けているんだよ」。わたしたちは驚きにめまいを感じましたが、確かに四年間の歴史の授業はそれを裏書きしていました。教授の言おうとしていたのは、わたしたちはどうあっても宇宙的な統合性――あらゆる些事を払拭し、あらゆる問いに答えられるようなものを――それが必ずしも正しくなくとも――神の慈悲と恩寵よりも好みがちだということです。イエスは何でも解決できる万能の答えではなく、瞬間瞬間の偶然や失敗に対応してくださる神を教えていたと思われます。人間の混乱や失敗にみずからを合わせてくださる神の力は、神の恩寵あるいは慈悲と呼ばれています。神は人を赦すたびに、神おんみずからの規則も、神がわたしたちと結びたく思う絆ほど重要ではない、と言っておられるのです。聖書に出てくる絶対的な赦しをいったん体験すれば、わたしたちは、神を信じ、求め、愛さずにはいられません。

けれど人間は、普遍的な鋳型にはまらないような、自己の独自性、具体性、個性、個人経験をどう扱うか、悩んできました。だから、うまく行っているような「フリ」をします。それもあって、わたしたちはこの矛盾をあばいてくれるような、ユーモアを必要とし、好むのでしょう。フランチェスコ派の考えでは、この独自性、個性、具体性は、その画一性ではなく唯一性ゆえに、神の創られたものであり、神がつねに選ばれるものであるとされます。ドゥンス・スコトゥスはこれを「このもの性〔thisness〕」と呼んでいます。キリスト教徒は「〔神の〕受肉」とはたったひとりの特別な人、イエスにおいてのみあらわれたと信じています。キリストが九十九匹の羊をおいて、いなくなった一匹を探しに行ったのもキリストならではだと。神学者の中には、この聖なる受肉のパターンを、「特異なもののスキャンダル」と呼ぶ人もいます。なぜなら、わたしたちの心は、「普遍性」のほうを喜ぶらしいのです。そう、決して破綻しない、どんなものにも適用できる規則をもとに、予測したりコントロールしたりしたいのです。これは科学にとっては良いことですが、宗教にとっては悲惨です。

宇宙の物語と人類の物語の戯れとは、合理的な力と非合理的な力の戯れ、意識と無意識の戯れ、宿命と幸運の、そして自然と、人が働きかける力の織りなす戯れです。善と悪の力の戦いは悲劇を生み、そして恩寵もあらわしつつ——カタストロフ、後戻り、突然の転換、侵犯、集団の再編成、敵意、失敗、過ち、そしてありえないようなジレンマへと導いてくれます（その良き部分については後に述べましょう）。悲劇〔tragedy〕にあたるギリシア語は「山羊の物語」だということを知っていますか。『オデュッセイア』は、まさにその山羊の物語で、哀れなオデュッセウスが行きつ戻りつ、上昇下降を繰り返しつつ（下降のほうが多いですが）、故郷イタケ島へ帰還する物語です。

それらの経験はわたしたちを新たな知識と、ある意味での「前進」へ導いてくれるものですが、それでもみずからをつつましくする知識です。ギリシア語のヒュブリス〔傲慢」とは、正確には、奥ゆかしく身を低くするような経験に対して、頭を垂れることへの拒否です。アメリカ大統領の中にはだれひとり、自分の起こした戦争や政策がまちがっていたと認めた人はいません。教皇でも司祭でも、謝罪をしたことで有名な人はいません。そうしたプライドや迷妄は、すべてのギリシア悲劇の核をなしており、イエスご自身が「よみがえったキリスト」と呼ばれる新たな生へ移行された変容劇もまた、同じ趣向の舞台上演なのです。

福音書は、人生は悲劇だと受け入れますが、そのあとで、わたしたちはそれを乗りこえ、その悲劇から立ち上がれるのだ、とも嬉しいことにつけ加えてくれます。これは大いなる転回です。それはわたしたちが下降を上昇と見なせるかどうかにかかっています。ユングは「あなたがつまずいて倒れたところにこそ、真の黄金がある」と言います。レディ・ジュリアンはもう少しこれを詩的な言葉にし、「まず没落があり、そののちわれわれはそこから立ちあがる。どちらも神の慈悲である」と言っています。

ドラマ全体が、アダムとイブの「侵犯」によって開始され、「侵犯」はのちに、荒々しい殺人劇によって償われ、贖われたのだと、多くのキリスト教徒は言うのですが、そうだとしたら、わたしたちはこのパターンをきちんと理解しておくべきでした。神が曲がった線をまっすぐに引き直そうとなさらなかったのならば、今後も多くの修正線を引かれるはずはありません。ユダヤ＝キリスト教の「救済」の歴史は、人生のもつ悲劇的な意味を統合し、その悲劇性を用いて、悲劇性を赦すというものです。ユダヤ＝キリスト教では、問題は解決の中に含まれ、解決の一部でもあるとされます。聖書の啓示の圧倒的なところは、それがものごとの暗黒面を否定するのではなく、失敗を許し、没落を統合して、約束されている全体性を達成するというところです。それこそ、この本の眼目です。

イエスは罪人に腹を立てることは決してなく（ここに注意してください）、自分を罪人だと思っていない人々に対してのみ怒りを向けました。イエスは「生の悲劇的感情」を十分にわきまえていたのです。彼はその中で暮らし、そこで成長しました。たえまない無秩序の中に、より高い秩序を見出すイエスの能力こそ、彼のメッセージの核心だと、わたし個人は信じています。真の福音はまれなものですが、その福音に触れるものを癒し、新生させるのはなぜなのか、ということも、そのメッセージの核心にあります。

イエスはあらゆる矛盾の下にある〈統一場〉を見出され、指摘されました。アニー・ディラードが冒頭のエピグラフで書いたように。この〈統一場〉とはすなわち「複雑で説明不可能な、おたがいへの、そして共に営む人生への思いやり」、あるいは仏教徒が大いなる慈悲と呼ぶものですが、この統一場を見出さないかぎり、人生の矛盾や非合理に対する癒しはありません。宗教はつねに、この統一場へとあなたを連れもどし、そこへ浸し、そこから再出発させるのです。

大いなる転回

恩寵という大いなる御心の秘儀の中では、罪や失敗も、基盤となる金属や素材として、贖いの体験そのものに変わります。しかし、多くの組織宗教は、硬直した理想的な秩序——そんな秩序が真実であったことはないのですが——にこだわる人にあふれ、そういう人は幸福感も満足感も得られません。フロイトの言葉を使えば肛門期の頑迷な状態になっています。そういう人は決してあるがままの人生——障害のある人、精神的に不安定な人、「違う」宗教、「誤った」宗教に属している人、過激な人、ゲイ、まったく違う伝統や慣習を持つ人たちにあふれているこの人生にがまんができないのです。まして性欲などの自然の本能にいたっては、現在でもきちんと受け入れてはいません。組織宗教というものは、多様性を快く受け入れるという性格を持っていないのです。しかし、複数制、多重性、多様性こそが、ほんとうの世界そのものなのです！　いたるところで目につくこれらのものに対して、わたしたちが残念がったり、否定したり、あるいは無視したりしがちなのは、驚くべきことです。

罪と救済は相補い合う言葉です。エゴはそうは望まないのですが、救済は罪を完全に避けて、成立することはできません。救済とは、逆転させられた罪であり、それがわたしたちのためになるのです。それこそ聖なる愛の変容の力です。そうでなければ、世界の九十九・九パーセントに救いはないでしょう。わたしたちを神から引き離したパッションは、ふたたび神へと、そして真の自分自身へとわたしたちを連れ帰るものでもあることが、わかってきました。だからこそわたしは四十年にわたって〔2〕、エニアグラムを尊重し教えてきたのです。ほかにもいくつかスピリチュアルなツールはありますが、エニアグラムもまた変容の真理をあかしてくれます。あなたの「罪」とあなたの才能〔賜物〕がコインの両面であることを悟れば、あなたはそのことを決して忘れないでしょう。それこそが宗教を傲慢や否定から遠ざけるものです。エニアグラムが真実であることを認めないのは、それを理解できないか、またはうまく使いこなせない人だけです。

神はわたしたちの愛の向きをぐるりと「転回」させ（これはギリシア語ではメタノイアと言います）、まことの目的地である大いなる愛へ向かう力とします。それ以外のより小さな愛は補助輪に過ぎず、それはそれで意味がありますが、しょせんそれだけなのです。新約聖書のあちこちにあらわれる愛の物語は、このメッセージと意味をはっきり見せてくれています。イエスは「罪人である女」を例にあげ、「この人が多くの罪を赦されたことは、わたしに示した愛の大きさでわかる」（「ルカによる福音書」7章47節）と言われます。彼女は愛を誤った仕方で求めましたが、それにより、「大いなる愛」への道を学んだのです。

わたしたち聖職者は、罪を変容させるかわりに「罪の取り扱い・管理」の仕事をするようになってしまいました。「あなたが完璧でないということは、なにか間違ったことをしているのです」と人に教えてきました。犠牲者を責めたり、あるいは彼らにほとんど同情を示したりしないのに、神の犠牲者イメージを崇拝するのです。わたしたちの過ちとは、憎まれ、否定され、避けられるべきものではなく、むしろ憐れみと癒しを受けるべきものです。その罪の教えてくれることを学ばないうちは、その罪をやっかいばらいすることはできません。その場合、罪はまた新たな形でもどってきます。イエスの言葉ですが、出て行った「汚れた霊」がもとの住処に戻ってきてみると「掃除をして、飾り付けがしてあった」ので「自分より悪いほかの七つの霊を連れてきて、中に入り込んで、住み着く」（「ルカによる福音書11章24－26節」）。イエスは大胆に勇気をもってこう言われます。「そうなると、その人の後の状態は前よりも悪くなる」

悲劇すなわち人種差別、奴隷制度、性差別、十字軍、異端審問、二度の世界大戦などの「山羊の物語」は、キリスト教世界であるヨーロッパにあらわれ、そこに受け入れられました。これこそわたしたちの、自分に対する、そしてお互いに対する幻滅と嫌悪感の情けない具現化です。それは、かくあるべしと教えられたようには、世界を正しく完全に秩序立てることができなかったからなのです。わたしたちは、自分の中の、あるいは自然界の不完全さを愛することができないのですから、ましてユダヤ人、イスラム教徒、有色人種、女性、罪人、あるいは他のキリスト教徒に対してさえ、どうやって橋をかけたらいいのでしょうか。わたしたちが「当然の前提」にしている秩序に、きちんとあてはまるものはだれもいません。わたしたちは世界を植民地化しようとして、人を殺したり、無理強いしたり、幽閉、拷問し、奴隷にしたりしてきました。十字架すなわち人生の悲劇的な意味をみずから背負うことができず、その悲劇を他人に背負わせることに熟達しました。この怒りの発言を許してください。でも言わずにはいられません。

哲学者や社会改革者は、誤謬の余地なきさまざまのユートピアを約束しましたが、ユダヤ教の聖典は宿命、失敗、罪、恩寵の逸話に満ち満ちており、つねに正しいはずの、矛盾なき哲学、神学的結論はひとつも提出していません〔3〕。聖書の最初の五つの部分である「モーセの五書」は少なくとも四つの異なった出典と神学（ヤハウェ、エロヒム、「申命記」編纂者、そして「レビ記」を書いた祭司）のごった煮です。〔※〕イエスの生涯についても、マタイ、マルコ、ルカ、ヨハネと四つの、相矛盾するような記述があります。神やイエスや歴史についてはひとつの透徹した神学もなく、あたかもあるかのように見せているだけです。わたしが思うに唯一一貫しているのは、聖書のすべての部分がこう言っていること、つまり神はわたしたちと共にあり、わたしたちは孤独ではない、ということだけです。神とイエスの果たされた仕事については、いつも悪しき扱いを正された、ということのみです。

「生の悲劇的感情」は、少なくとも、より〈大いなる絵〉の中で眺めれば、皮肉にもまったく悲劇ではないのです。過去と未来の両方につながれた、この困難な時代に生き

※ これをJEDP論と呼ぶが、これは4人の推定できる著者；“Jehovah、ヤーウエ” を神の名として使う著者、” Elohim エロヒム“を神の名とする著者、Deuteronomy（申命記）の著者、そしてレビ記を書いた祭司の（Priestly）著者 四人をあらわす。 JEDP論は、さらに、「モーセの五書」のいろいろな部分が、紀元4世紀頃に、多分エズラによって集められたらしいと付記している。

るということは「必要な苦しみ」にあらかじめ備えさせ、失敗や喪失についての絶望から救い、皮肉なことに、すべてを通り抜ける道をも授けてくれています。わたしたちは自分の先を行き、後ろに従う人類の大行進に加わるだけではありません。「生の悲劇的感情」とは、不信、ペシミズム、宿命論、あるいは冷笑主義ではありません。悲劇的感情とは究極の、そして謙虚に受けとめるべきリアリズムであり、それはほとんどすべてのものを赦すことを求めます。信仰とは現実を信頼し、神がその中に見出されると信頼すること――しかも、現実を変えるまでもなく、それがわかることです。これこそ、おそらくわれわれの大いなるつまずきの石であり、人間の心を閉じこもりから守り、それ以上のものに魂を開きつづけるために払うべき値なのです。

Chapter 5

つまずきの石につまずくこと

Stumbling Over The Stumbling Stone

主は聖所となる。だが、イスラエルの二つの家にとっては妨げの石、つまずきの岩となり　エルサレムの住民にとっては網と罠となる。多くの者はそれに妨げられ、倒れ、打ち砕かれ　罠にかかり、捕らえられる。

（「イザヤ書」8章14－5節）

われわれは変わるよりも亡びようとする。現在の十字路をのぼり、幻想を死滅させるよりは、恐れの中で死ぬほうを選ぶ。

W・H・オーデン

あなたが古典的な「スピリチュアルのスケジュール」の中にいるならば、遅かれ早かれ、現在のスキルや知識、強い意志力では乗りこえられない、何らかのできごと、人物、死、観念、あるいは人間関係が、人生に入りこんできます。スピリチュアルな意味で言えば、あなたは自分の個人的なリソースの限界にまで導かれます。その時点で、イザヤ書に言う、必要なつまずきの石につまずきます。あるいは本書の言葉で言うなら、あなたは何かを「失う」ことになります。これこそ「人生―運命―神―恩寵―秘儀」があなたに近づいて、変容させ、エゴ中心的な既成概念を手放させ、より大いなる旅の先へ導こうとする唯一の道なのです。これが真実ではないと言いたいのはやまやまですが、世界のスピリチュアル系の文書においては、ほとんど絶対的な真理と言えます。

自分のコンフォートゾーンからあえて離れろと強要するような、現実的な理由はありません。なぜそんなことをせねばならない？　また、したいのか？　正直に言って、誰でも、やむをえない状況でなければ、そんなことはしません。招待は思いがけないときに、またこちらが探し求めていないときにやってくるかもしれません。自ら進んでスピリチュアルな勇者の道を求めようとすれば、同じ古いエゴが新たな名前のもとに戻ってきてしまうのみです。その場合、変化は訪れず、別の擬装を取るのみです。ただ、わたしたち流の偽の「自己改善」にすぎません。

悟りを意図的に求めたり計画したりしても、それがエゴに操られているかぎりは失敗するしかありません。あなたに見えるのは、もともと探しだそうと決めていたものだけで、これから何をすべきか、あるいは何を探すべきかはわからないのです。それゆえ失敗と屈辱の力が、いままで見ようとも思わなかったもののほうに、あなたを向かわせます。なんというエニグマ〔謎〕でしょう。いかなる自己改善のコースも――中には本書も含まれているかもしれませんが――それが役立つのは、人生そのものに注意を向ける、ということを教えてくれるときのみです。わが友ポーラ・ダーシーは賢明にも「神は、あなたの人生そのものと同じように、変装して、あなたのもとにやってくる」と言いました。

それゆえ、わたしたちは残念ながら、つまずいて倒れることになります。それはいまあなたが本書を読んでいるように、倒れることについて読むだけでは終わりません。わたしたちはしばし「運転席」から離れねばなりません。さもなければ、「真実のガイド」に、自分を明け渡すやりかたを学ぶことはできないでしょう。それは必要なパターンなのです。このタイプの転倒こそ、わたしが必要な苦しみと呼ぶものなのですが、それについては次の章でお話ししたいと思います。パウロがダマスカスの路上で「突き棒を蹴ると痛い目に遭うものだ」(「使徒行伝」26章14節)という言葉をきいて打ち倒れたというのは、まことに穿ったたとえ話です。突き棒あるいは家畜を導く棒とは、先へ進む勇気のシンボルでもあり、わたしたちを未来へ押しすすめるものに対して、むだに抵抗すると傷を負うというシンボルでもあります。

スピリチュアルな世界では、わたしたちはまず何かを失い、それを感じまいとし、そのあとで失くしたものに執着し、強く求め、それを選び――そしてふたたび探し出す――まではそれを見出すことはできません。イエスのたとえ話のうち三つは、何かを失い、ふたたびそれを探し求め、労力を払って見つけるという話です。どの場合も、盛大な宴を開いてそれを祝います。羊、銀貨、そして放蕩息子は見失われ、見出され（「ルカによる福音書」15章）、そののち、内なる祝いとともに新たな「気づき」（何かがあなたにとって真実なものになったという気づき）がやってきます。オデュッセウスがトロイ戦争からの帰郷の旅路で出会う事件すべては、ある種の喪失です――家来、自己統制、権力、時間、記憶、名声、そして船そのものも。没落、喪失、失敗、侵犯、罪がそのパターンです。あまり嬉しいご報告ではありませんが。でも、それらすべては故郷への道となるのです。

最後には、わたしたちは、そのプロセスの道すがら新たな自己を見出すことのほうを望み、失ったものを再度手に入れようとは思わなくなります。わたしたちは現在のゲーム・プランの限界へと導かれ、それが不十分なものだとわかるまでは、真のソース、深くからの湧き水、あるいはつねに流れつづける川を探し求めようとしません。〈アルコホーリクス・アノニマス〉のある人は、これを「高次の力」と呼びました。イエスは、小さな桶で水を汲みつづけていた女に向かって、これこそ井戸の底にある「生ける水」という究極の源泉〔ソース〕であると告げました（「ヨハネによる福音書」4章10節－14節）。

正直に申し上げるなら、わたしたちの人生には少なくとも一度は、自分で決定もコントロールもできない、説明も変更も、理解すらできないような状況が訪れます。イエスとその弟子にとって、磔刑は、必要かつ不条理なつまずきの石の劇的な象徴となりました。多くのキリスト教徒は、十字架を機械的に「身代わりの贖いの理論」にしてしまっています。そうすれば、自分たちのいま持っている世界観に適合するからです。この理不尽な悲劇を、イエス自身のように味わってみることをしません。信者たちはまだ、宇宙的な意義や魂による理解の代わりに、ある種の頭脳の秩序や論理を求めているのです〔1〕。

わたしたちは、日々わたしたちをうながす突き棒に耳を傾け、そこから学ぼうとするよりも、牡牛や聖パウロのように、「突き棒を蹴り」続けています。こうした文を読んでも、キリスト教徒にはまだ、突き棒が必要なもの、あるいは良いものであることがわかっていません。苦しむことはそのまま問題解決にはなりませんが、自分自身の抱える問題を明らかにし、新たな学びと愛のための場所を、わたしたちの中に開いてくれます。その点では仏教はキリスト教よりはるかに観察力があります。キリスト教においては、イエスの受難は、神が最初から宇宙的な問題を解決するために創造していた試みの一環に組み入れられています。十字架がわたしたちの問題を解決したのは、最初にまず本当の問題点――だれかをスケープゴートにし、犠牲にするというわたしたちのパターン――を、明らかにしてくれたからです。十字架は永遠に「われらの罪の現場」を呈示し続けるのです。

オデュッセウスを含む世界の神話物語の中では、喪失と屈辱のテーマがつねに容赦なく呈示され、それはドラゴン、海の怪物であるスキュラやカリュブディスや、幽閉、疫病や疾病、地獄落ち、サイレンの歌声、嵐、闇、難破、蓮の実に酔うもの、父親不在、孤児、故郷喪失、難破、盲目、そしてしばしば貧しさや一文無しという無力な状態としてもあらわれます。

ときには、おとぎ話の半分が「シンデレラ」や「みにくいアヒルの子」や貧しい少年の話のヴァリエーションであって、無一物で無力な存在が王や女王、王子や王女になるというパターンを持つのではないかと、わたしには感じられます。それは願望充足と片付けられてしまいがちですが、それは実は擬装〔やつし〕や忘却、喪失、回復という基本的なパターンなのです。すべての王女は王子に出会う前に、必ず眠りにつきます。アヒルの子は「醜い」からこそ、物語が展開するのです。聖杯探索の騎士は傷つくことがなければ、聖杯がなんであるかも知り得ず、まして見つけることはかないません。イエスが十字架にかからなければ、復活もありえませんでした。これらはわたしたちの存在の配線基板の上に記録された物語ですが、魂のレベルでなくては聞こえません。エゴのレベルでは抵抗、反対があるのみだからです。

わたしの霊的な父ともいえるアッシジの聖フランチェスコはみずからの信仰告白の書の中で、皮膚病患者にキスしたときのことを、こう語っています。「かつてわたしに吐き気をもよおさせたものが、いまや甘美な生命となった」。彼はその瞬間を、回心の瞬間、「世間を離れた」瞬間としています。昔ながらのゲームは、もはやうまく行きません。その瞬間こそ、彼がみずからの不十分さを味わい、別の、より大いなる源から動くことを始めた瞬間です。その源こそ十分、いえ、十分を超えてあまりあるものでした。

そのために彼は古典的なキリスト教の聖人になりました。皮膚病患者は彼の突き棒であり、彼はそれを蹴るかわりに、キスしたのです。これは典型的なパターンで、中毒患者が中毒から癒されるときに、かつての飲酒、賭け事、暴力について、神に感謝するのと同じです。その人たちは、自分は大きな犠牲を支払ったけれども、それより少ない値では、自分たちの偽の自己を打ち壊し、愛へと自分を開いてくれることはなかったろうと言うのです。

わたしはここニュー・メキシコで監獄付き司祭をしていた十四年のあいだに出会った多くの男女のことを思います。良き両親なら教えてくれたであろう、衝動のコントロールや欲望充足の自制を、囚人たちは学んでいませんでした。アイデンティティが確立されておらず、自他の境界線も弱く、また自己の尊厳についてもあやふやなので、ドラッグや、乱交、中毒的な人間関係、アルコール、暴力や虐待によって、自分自身を傷つけたり、他人を傷つけたりしやすいのです。だからこそ強制的で無慈悲な刑務所内の秩序が、彼らを再教育するのに役立つと考えられているのですが、それは間違いで、内心の恐怖や、あらゆる権威や自らに対する憤懣のために、更正はいよいよ困難になります。

あなたが前半生の課題をきちんとこなしていなければ、つまずきの石から立ち上がる力はほとんど得られません。ただ打ちひしがれてその場にとどまるか、「突き棒」をむなしく蹴り続けるばかりです。ロバート・ムーア博士が賢明にも「幼児的万能感」と呼ぶ〔2〕ものは何によっても打ち砕かれないことになります。まったく「生の悲劇的感情」を持たない今日の西欧的都市文明においては、わたしたちは、がむしゃらに先へ、上へと、それも自力で進む道があるばかりだと信じるのがせいぜいです。しかし、そのやり方が、うまく行く人はほとんどいません。そして長い目で見れば、うまく行かないほうがよいのです――なぜなら真実ではないからです。それは絶え間ない勝ち負けのゲームで、人々はしだいに自分が負けの側であることに気づいていきます。福音書がまことに福音書（良き知らせ）であるならば、つねに「ウィンウィン」の状態であるはず、神にとってもわたしたちにとっても大いなる勝利であるはずです。

ほとんどの人が最後には、ギリシアの「傲慢」の神ヒュブリスが繰り返す戯れに翻弄されることになります。トップに登りつめるように見える人もいますが、そこに達するには多くの人を踏み台にし、また多くの偶然の好条件が必要で、ときには多くの人を依然として踏み台にしたままで終わります。頂点に達した人もまた、そこに永続的な満足はないのを知ることになります。そして、あまりにも多くの人が自分の人生のどん底にとどまり、ありとあらゆる不毛で自己破壊的なやり方で、その埋め合わせをしようとしています。

南部の多くの奴隷所有者は「うまく叩きあげた人間」で、その人生において、「成功」しなかったことは一度もなかったのだと、わたしは確信しています。没落や失敗への断固たる拒否のせいで、彼らは気づきや、共感、そして基本的な人間的な思いやりから遠ざかっています。そうした成功のために彼らが払った対価は、多くを赦し、みんなの輪、すなわち「万人のダンス」に加わることができなくなるというものでした。「人が全世界をもうけても、自分の命を損したら、なんの得になろうか」とイエスが言われるように。彼らは生存競争のダンスはしましたが、すべての人を必然的に包みこんでいるような聖なるダンスの輪の中に達したことはありません。聖なるダンスというものは、つねに万人のダンスなのです。

Chapter 6

必要な苦しみ

Necessary Suffering

自分の命を救おうと思う者はそれを失い、わたしのために命を失うものは、それを得る。たとい人が全世界を手に入れても、自分の命を損なうなら、何の得があろうか。人はどんな代価を払って、その命を買い戻すことができようか。

（「マタイによる福音書」16章25－26節）

誰でも、わたしのもとに来ていながら、父、母、妻、子、兄弟、姉妹、さらに自分の命さえも憎まない者があれば、その人はわたしの弟子ではありえない。

（「ルカによる福音書」14章26節）

カール・ユングは、あまりに多くの不要な苦しみが世界にやってきたのは、人が、人間たることの「正当な苦しみ」を受け入れようとしないからだ、と言っています。彼は神経症を病むのは、正当な苦しみを拒否した結果である、とさえ言います、皮肉なことですが、人間たるために必要な苦しみを拒否することは、長い目で見れば、その人に十倍の苦しみをもたらします。男性のイニシエーションにおいて最初の、そしてつねに嬉しくないメッセージとは「人生は苦難だ」というものです。でもそのことを否定すれば、わたしたちは自分自身の最悪の敵になってしまいます。

わたしが、必要な苦しみについてのこの章を、ナザレのイエスの痛烈な言葉の引用から始めたのはなぜか、ちょっと説明します。

わたしは最初にカトリックと縁を結びました（ご存じと思いますが、わたしは四十年間司祭をつとめ、五十年間フランチェスコ派の修道僧であったのです）。なぜなら、多くの点において、わたしに必要な苦しみというものを――おのずと、自然に――さまざまな面で教えてくれたのは教会だったからです。言葉でのメッセージをにない、それからそれを溜めるタンクとなり、最後には必要な（時には不必要な）苦しみの、生ける坩堝《るつぼ》になることを、教会が教えてくれました。

坩堝とは、溶けた金属をしばし入れておき、純化精製するための器です。教会員の義務、教義、そして道徳は、ほとんどすべてのものを内なる沸点まで高め、その高温でもって、人はカトリック教徒、あるいはキリスト教徒、またはひとりの人間として、生き抜くために大切なものごとの数々に、さらに深いレベルで向き合わせられます。これはまっとうな宗教コミュニティであるかぎり、どんな場合にもあてはまることだと思います。真理はあなたを「自由にする」前に、いったん惨めにする傾向があるのです。

キリスト教という真理、そしてその代弁者たるイエス、という世界観から、わたしは出発し、形作られ、高揚させられました。そのために脱線して、組織的なキリスト教の多くについてかなり批判的になる寸前にまで行きましたが。

ある意味で、それは正しいことでした。なぜなら、そのおかげで、わたしは宗教を単なる文化的観点、不信者の視点、合理的規範からではなく、内部から、その聖典、聖人、典拠によって批判することができるようになったからです。何にせよ、実のある批判というものは、そうでなくてはならないでしょう。内側からスピリチュアルな物事をこじあけねばなりません。外から鍵を解除するのは、つねに簡単で、自我を肥大させがちです。

最終的に、わたしはキリスト教固有の緊張感の中に留まることになりました。カトリシズムは多くの人にとってそうであるように、わたしにとっても、ひとつの坩堝、すなわち統一場理論になったのです。だからこそ、いったんそれを体現している固有の神秘的世界観を体得してしまうと、「元」カトリック信者になることは大変難しいのです。わたしはここでアインシュタインの「統一場」という言葉を用いて、彼が時空間の全宇宙を織りなすとみなした基本的な諸力、原理、素粒子の一つの総体をさしています。アインシュタインは、自分は一生を賭けて、この統一場を探し求めたと言っています。

ただしこのヴィジョンは時代の制約のもとにあり、その語彙は「内輪」（わたしたち流の語彙とその定義を使わないとすれば、多くのカトリック教徒はそれをどう伝えてよいか困ってしまいます）のものなのですが、カトリシズムという〈大いなる絵〉はまさにそれ、ひじょうに「カトリック」〔語義的には無偏見の意〕的であり、すべてを抱擁するそのものであり、頭脳、心、身体、魂、歴史を受け入れる余地を持っています。さまざまな瑕《か》瑾《きん》はありますが、カトリック的世界観（わたしはローマ・カトリック的とは言いません）は、ティヤール・ド・シャルダン、マザー・テレサ、トマス・マートン、エディス・シュタイン、セザール・チャベス、コリー・アキノ、メアリ・ロビンソン、ローワン・ウィリアムズ、デズモンド・ツツ、ドロシー・デイたちを生んできました。わたしはこれを「受肉された神秘」と呼びたいと思います。いったんここに至れば、後退はありません。なぜならこれほどのものは他にないからです。

長老教会派は、わたしをあらゆるものの光と闇の内側に留めることで、そしてノンデュアリスティック〔非二元論的〕な思想を教えてくれたことで、変容の坩堝でありつづけました。そしてそこで学んだことは、わたしでも教会でも、まことの福音を生きているとは言えないにせよ――少なくとも現在のライフスタイルを変えよ、ということです。それは大きすぎるメッセージです。自分を二つに分けて現実部分を否定する、ということを拒否したおかげで、わたしは自分のシャドウの部分にたえずふれ続け、教会の明らかな影の部分をも堪えしのぶことができました。まったく同じパターンが、教会以外の他の集団にも存在します。ですから、わたしのホームベースたるカトリシズムは、シャドウとのボクシング〔「影」との戦い〕を学ぶ場としては、他のどんな場所にも劣らず、というか、むしろ優れていました。知的な厳密さ、社会的良心（少なくとも文書の上では）、神秘的なヴィジョンは、議論を大いに花咲かせる種になりました。カトリシズムはみずからを乗りこえて、その先の「ひとつの真実の秘儀」を目指すとき、そう、人類の解放と聖なる一体化に向けて自己を切磋琢磨する場を提供するときにのみ、「ひとつの真実の教会」になりえます。むろん他の多くの宗教集団も同じことを、そして時にはもっとすばらしいことをも行っています。

被造物全体が「うめく」（ローマ人への手紙8章22節）

被造物自体、つまり自然界は、つねに「福音（gospel）」を信奉し、死と再生のパターンを無自覚にもせよ繰り返しています。自然界は生命のサイクルには、必要な苦しみがあることを「信じて」います。太陽が毎日死ぬことで、この惑星上の万物が生かされ、季節の変化、植生の変化、肉食動物とそれに捕食されるものとの荒々しい世界が生み出されています。わたしのかわいいラブラドール犬のヴィーナスは今日ハリネズミを一匹殺し、ほめてもらおうとして持ってきました。わたしがぞっとしているのを見て、彼女の嬉しい気持ちは消えました。わたしの目を見て、がっかりして、獲物を落としたのです。人類だけが「合意された」パターン、生死の普遍的なダンスから身をひいています。ヴィーナスがしたことが悲惨なものに見えるのは、わたしが完全に理性的かつ「進歩的」でありたいと望んだ時だけです。

必要な苦しみは、議論の余地なく日々行われています。わたしはこれをアリゾナ砂漠で書いているのですが、ベンケイチュウというアリゾナのサボテンは、百万個の種の四分の一が発芽して早々と成熟でき、それ以外は発芽もほとんどしなくなる、という話を読みました。自然の大部分は大規模なロスを完全に受容しており、そもそも生命を存在させるために、たいへんな非効率、大量滅亡、そして短い生涯という代償を支払っています。それを悲しんで、不条理だと思う気持ちが、皮肉なことに、わたしたちを統一場という普遍的なダンスの中に引き入れ、必要以上に気前よく与えられているものに対する深い感謝をもたらします。すべての良きものは気前よくふるまわれています。与えられているものが取り去られたように見えるとき、だれを責めることができるでしょう。恩寵は、万物の根底にあるように思われるのです。

すばらしいものと悲惨なものとのあいだのこの創造的な緊張〔クリエイティブ・テンション〕のことを、ジェラルド・マンリー・ホプキンズは詩人ならではの洞察力で、みごとに言い表しています。彼の詩のタイトルは長いのですが、それもまたヘラクレイトスの「万物流転」および最終的な結果に対する信頼を表しています。いわく「自然はヘラクレイトスの炎であり、復活の慰めである」。

肉はうつろい、生あるものは朽ち

蛆虫《うじむし》の餌食となり、世界の野火はただ灰を残すのみ
刹那《せつな》にして、トランペットのごとき爆発
われはキリストなるものなり。かつての彼は今のわれ
この男、冗談にして、あわれな破片、木っ端は
不滅の金剛石なり〔1〕

この物質化と神秘化の分析は、わたしが受肉の神秘と呼ぶものです。繰り返し言われてきたことですが、あらゆる文学や詩の中には、煎じ詰めればたった二つのテーマ、愛と死しかありません。制約の中にあり、死ぬこともあるもののみが、価値と賛美を感じつつ成長してゆくのです。それは供給と需要のバランスのスピリチュアルなヴァージョンです。わたしたちが永遠に生きるとしたら、生を真摯に受けとめること、愛が何であるかを学ぶこともないだろう、とよく言われます。それは本当だと思います。制約と緊張の中に受肉し、長く辛い期間そこに留められること――坩堝たること――は、わたしたちに「それを埋め合わせる第三のもの」、あるいはすべてのものの基盤たる統一場を探し求めさせます。「もっとも個人的なものが、もっとも普遍的なものとなる」。

ティヤール・ド・シャルダンはよくそう言っていました。

現実〔reality〕、被造物、自然界そのもの、つまりわたしが「キリストの最初の身体」と呼ぶものは、必要な苦しみという点に関しては選択権がありません。メッセージに対して、イエスともノーとも言うことなく、それを生きるだけです。それはあらゆる基本的な諸力を、そして自らの内なるあらゆる元素や分子の原理を進んで受け入れ、保持し、身をゆだねているようです。それこそがすべてなる宇宙、「存在の大いなる連鎖」であり、その中には、自由も可能性も持たない、あらゆる無力で目に見えぬ弱小の部分も含まれています。「第二のキリストの身体」つまり形を持った教会には、イエスやノーを言う自由が常にあります。この自由のおかげで、時間について語らずにすませ、つまり死、つまずき、過ちの受け入れ、没落・転落を見ないようにできるのです。わたしたちはこのことを、最近の教会の財政的また性的スキャンダルに見てとります。けれども神はこの自由意志と自由な「イエス」を喜んで待ち、それに力を与えようとしています。愛は自由の領域においてしか行われませんから。

けれどもわたしは自分も、この「日々の死」を避けていることを知っています。教会という場所は、そこに長く留まることによって、わたしに情熱、死、復活についての体験と幅広い教養を与えてくれました。フランチェスコ派はいまでも、わたしが信じるものに対して責任を負ってくれるコミュニティであって、自分が長い期間、一貫性をもって生き続けるためには、そうしたコミュニティは必要な存在です。ダライ・ラマやマザー・テレサも同じようなことを言っています。長い歳月を経て今では教会は、このうえない存在として、パーカー・パルマーが「悲劇的裂け目〔the tragic gap〕」と呼ぶものをふさぐために必要なツールや忍耐力をわたしに与えてくれました。教会の課する修行とプラトン的な純粋愛の表明は、分析的頭脳と熱い心臓を持つ人間すべてに、〔その二つの間の〕悲劇的な裂け目を生み出します。しかし、忘れないでください。神のほんのひとかけらの部分でも愛するに値すること、真理と愛もほんのひとかけらであっても、わたしたちに長く付き添ってくれることを。教会は、ほんのひとかけらどころではなく多くのものをわたしに与えてくれました。不完全で制約を抱えているすべての両親同様、教会は「まずまず及第点」の存在であり、カール・ヤスパースが言うように他の制約的状況においても、すべての場所に良きものを見出すすべを教えてくれました。けれど最後には「神のみが良きものである」と、イエスは裕福な若者に語ったのです。

それゆえ教会はわたしにとって、最大の知的・倫理的課題であるとともに、慰めの温床でもありました。熱情あふれる娼婦であるとともに、仲睦まじい妻でもあったのです。そうした妻との結婚はやはりすばらしいものであり、多くの娼婦が実際にそうした妻になることもあります。ある種の、そして本当の意味において、教会そのものが、イエスが磔にされた最初の十字架でありました。わたしたちは視野が狭く、あれこれの物事に抵抗し、大きすぎるメッセージをつねにコントロールしようとします。あらゆる教会は、イエスの全身を受け入れることができなかったので、何度も彼を磔にしましたが、同時に復活させもしました。わたしはこの世界教会の、ミクロコスモスなのです。

教会はわたしを処罰したり、制限したりしたことはありません。まったく逆で、それはまったく驚くべきことです。だからこそ、わたしはこんなふうに、いかなる恨みも持たず、決まり事の遵守もなしに、語ることができるのです。教会はわたしを捕らえましたが、腕をのばせば届くあたりの距離においてくれ、それは十分にわたしをつかまえておける距離でした。正統な教会はわたしにとってつねに、ややためらいを感じさせる花嫁でしたが、フランチェスコ派の修道院はずっと愛おしいものでした。福音そのものが、わたしの結婚相手でした。それはわたしにつねに真理を語り、さまざまな物事を通じてわたしを愛し、やがてわたしは、新たなすばらしい広々とした場所に出たのです。

それゆえ、わたしがなぜこれほどイエスの言葉を引用するのか不思議に思う人もあるでしょうが、以上のような個人的理由をもって弁明に代えておきたいと思います。もしかしたら読者は「それがそんなに重要なことなのか」とか「聖書に書いてあることが必ず真実なのか」とか言いたくなるかもしれません。でもわたしがイエスを引用するのは、彼に従うかどうかは別としても、自分がいまだに彼を、西欧世界のスピリチュアルな権威とみなしているからです。彼の大胆不敵な文脈の中で理解するならば、彼はつねに、より深いレベルを鋭くえぐっています。イエスがほとんどの人よりも、はるかに高いレベルでものを見ていることは、彼が聖なる存在であると信じなくても、十分にわかることです。

あなたがたの中の幾人かにとっては、わたしの引用するイエスの言葉のみが、わたしを信じてもらえるきっかけになるかもしれません。逆に、というか、あるいはそれゆえにわたしを疑う人もいるかもしれません。でもその両方のリスクを冒したいのです。考えのすべてを自分のものとして呈示するなら、あるいはそれに現代心理学や古い神話学の裏付けがあるから正しいのだと、そう主張するなら、わたしは不正直な人間だということになります。イエスがわたしにとっての最終結論であり、そもそもなぜ最初からイエスの言葉に耳を傾けなかったのかについては自分でも不思議に思います。

現代心理学、人類学、あるいは組織行動学の多くの発見が、わたしたちに、イエスの超越的メッセージへの新たな窓を開き、新たなボキャブラリーを与えてくれていることは、驚くにはあたりません。おわかりのように、わたしはそうした多くのツールを使うのが好きです。完全に不必要な苦しみのように見えるものの例をひとつ見てみましょう。ある意味で、もしも現代心理学と行動学の発見がなければ、多くの人が耳を傾けようともしなかったであろう、そういう解き明かしの例です。

家族への〈憎しみ〉

本章の冒頭で引用したイエスの言葉、つまりイエスが、両親や兄弟姉妹、家族を「憎み」「離れ去って」くるように言われたところですが、わたしはこれについて語りたいと思っています。わたしたちの心のすべての部分が、これは比喩であり、言葉のあやである、と思いたいのですが、これからいよいよ人生の後半生に踏み入る話をするにあたって、イエスはわたしたちを実に正確に鼓舞しておられるのです。

なによりも、まず、イエスはモーゼの十戒の四番目「汝の父と母を敬え」を破ろうとしています。この戒律は人生の前半においては必要であり、永遠に有効であると信じたいところです。しかし後半生に足を踏み入れると、肉親の家族との食い違い、現行の文化を支配する「意識」とのずれにしばしばぶつかることになります。これはわたしの想像以上に、頻繁に起きていることです。多くの人が前半生での家族の、敬虔で未熟で、しかも盤石の期待につなぎとめられており、成熟した宗教観に達することができません。イエスの家族でさえ、彼のことを「気が狂った」（「マルコによる福音書」3章21節）と考え、イエスもこのジレンマに直面させられました。福音史家があえて「気が狂った」という言葉をイエスに結びつけたという事実は、イエスがまさに、自分の文化や宗教で期待される王道の教えに従わなかったということを示しています。

第二の旅の大きな障碍のひとつは、わたしたちの言うところの「世間」、みんな、社会、そして広い意味での家族です。これを「カニのバケツ症候群」と呼ぶ人もいます――そこから這い出ようとすると、他のカニによってまた中に引き戻されるのです。大多数の人生において、倫理とか霊性とかと言われているものは、子どもが成長に使ってきた考え方です。これはコンディショニング〔条件づけ〕とかインプリンティング〔刷り込み」とも呼ばれています。ほんとうの内なる作業を行わないかぎり、ほとんどの人はその先へ出ることができません。ネガティブな意味合いで外に出る――反発や反抗によって――ことはできるかもしれませんが、カニのバケツから、ポジティブなやり方で脱出できることはめったにありません。が、それこそ、ここで勧めたいことなのです。イエスは強い言葉でもって、家族の巣穴から出ることを勧め、もっとも個人的で、直感に逆らうような、そして感傷的なレベルにおける、必要な苦しみをそういうふうに表現されたのです。

自分の魂、つまり両親の願いとは離れた自分の運命を見出すためには、大きな衝動、多くの自己不信、そして分離の感覚が必要になります。もともとの家族の成員、教会員、文化共同体、地域や地方の外に出る道を進んで、しかも統合性を持ってたどれる人はほとんどいません。引きもどす力は強く、〈忠実な兵士〉精神が、罪悪感、恥辱感、自己不信でわたしたちをいっぱいにするので、前にも言ったように、それらは神の声のように聞こえるのです。

それでイエスは容赦なく、ある意味で、各人のホームベースを憎み、その先に出て選択をするように、求められました。ありがたいことです。この言葉がなければ、その真実性を信じる勇気を持てなかったと思います。セラピストが同じ結果を導き出すには、何年もかかります。自分を傷つける両親やそれまでの権威を乗りこえて、適切な境界を打ち立て、傷つけられてきた当人の不要な恥の感覚を癒すのにはそれだけ長い時間がかかるのです。わたしたちはみな、自分の故郷を離れ、ほんとうの、そしてもっと大きな故郷を探しに行きます。このことの重要性については、次の章でもっと十分に展開し、お話ししようと思います。核家族はしばしば、大家族の敵、そして成熟したスピリチュアルな探求を妨げる敵になってきました。

気がついてみると驚くことですが、偉大な宗教者や教祖のほとんどは故郷を離れ、はるか遠くまで巡礼に出て、大きな転回を得て、それから改めて民衆に向かうことを選びます。多くの場合、彼らの両親、当時の既成宗教、スピリチュアルな権威者、そして為政者たちでさえ、彼らと敵対したのです。ヒンズー教のサドゥー〔修行者〕や仏陀、アショカ王、アブラハム、ヨゼフ、モーゼ、イエス、スーフィの聖人たち、聖フランチェスコ、クレア、そしてカッパドキアやアトス山やロシアの数知れぬ隠者や巡礼たちのことを考えてみてください。このパターンは普遍的なのです。「故郷を離れるときに忘れてはならない」精神、そしてスピリチュアルな偉人、聖人たちの名言の本質は「故郷を離れるのは、それを見出すためである」ということのようです。もちろん彼らが離れよと言っているのは、実際的な故郷のことだけではなく、故郷や家族という存在が意味する、ありとあらゆるもの、安定、幻想、偏見、卑小さ――そして痛みも――をさしています。

もちろん正直に、そして厳密に言うならば、たとえ「教会という家族」であっても、それは同じように「憎む」必要があり、肉親を憎むときと同じようなスキャンダルを巻き起こすことも恐れてはならないのでしょうか。そう問う人があるかもしれません(わたしたちはあとの章で「キリスト教精神の出現」の題目のもとにそのことに触れようと思います)。

本章の最初に掲げたエピグラフを再読してください。現代の基準からすれば、強引で残酷ともいえる言葉ですが、イエスは、この世には避けられぬ必要な苦しみがあること、「わたしたち自身の生命を失う」必要、あるいは、わたしや他のものが「偽の自我」と呼ぶものを失う必要があることを、明快に示しています。あなたの偽の自我とは、あなたの役割、称号、自分の頭脳や執着が作りだした個人的なイメージです。それは、どれくらい「真実」を求めたいかの度合いに応じて、死んでゆくべきものです。「〈まことの自己〉を見出すために、あなたはどのくらい偽の自我を捨てようとするのか」というのが昔からの変わらぬ問い〔2〕です。そうした必要な苦しみはつねに、死に近いような体験をさせ、それは優れたスピリチュアルな指導者が、真摯にあなたに説いてきかせるものです（アルコホーリクス・アノニマスは、たまたま偶然に成功しているわけではありません！）。あなたのスピリチュアルなガイドが、こうした死について語らないならば、それは良いガイドではありません。

あなたの〈まことの自己〉とは最初から、神のマインドとハートにおける、あなたの実体です。禅の達人が「父母未生以前《ぶもみしょういぜん》の自己如何《いかん》」と言った、絶対的なアイデンティティです。それはいかなるテクニックによっても、集団への参入や道徳、そのほかの定式によっても、得たり失われたりすることがないものです。絶対的なアイデンティティだと思われていても実は比較の上に成り立っていたアイデンティティであるような、偽の自我を手放すことは、美しいけれどつかのまの存在である真珠貝の殻のうちに隠されている「得がたい価値の真珠」を見つけるためには必要な苦しみなのです。

Chapter 7

故郷と郷愁

Home And Homesickness

老人は探し求めねばならぬ
ここかしこかは問題ではない
心をおちつけ静かに動いて
別の濃い密度の中に入ってゆく
別の合一、より深い交わりの中に

——T・S・エリオット「東のコカイン中毒者」

いよいよわたしたちはゴールを目指しはじめます。人生の目的そのものである「別の濃い密度——より深い交わり」とエリオットが呼ぶもの、それは本来、最初に作り出す器がそれを宿し、維持し、育むものです。月をさす指ではなく、月そのものを宿し——そしてそれは、今や月の暗い半面をも含むのです。後半生の豊かさと内なる自由は、ホメロスが描きえなかったもののようです。あるいは彼はまだ若くて、その地点に達していなかったのかもしれませんが、そちらからの呼び声と必要性は直感していました。彼にとってそれはまだ「暗すぎ」たのですが、彼はそれでも、さらなる旅を指し示し、その先にこそまことの最終的な帰還があるとしました。聖なる物語におけるゴールとはつねに、主人公にまず故郷を離れさせ、最後に故郷に帰らせることです。矛盾でしょうか？　パラドックスでしょうか？　かもしれません。しかしいまや故郷は以前には想像もしなかった新たな意味を持っています。いつもそうなのですが、新たな故郷とは、最初の故郷体験を超克しつつ、改めてそれを包みこむものとなるのです。

「故郷」という元型の観念は、同時に二つの方向を指しています。まず、後方への振り返りです。母親の胎内に始まった一体感への本源的な希求と憧れ。わたしたちは、たとえあまり良くない故郷であろうと、みなある種の故郷から来たのです。それが、ありうるかもしれぬ理想の楽園の基本的な種子となります。そして、今度は前方を目指し、一体感への希求と憧れのほんとうの充足を目ざすのです。「故郷」元型は内なる羅針盤というか「帰巣本能」の道具として働きます。ホメロスの『オデュッセイア』では、目的地は、故郷でもあったイタケ島です。カール・ユングは、しばしば端的に物事を言い当てる人ですが、次のように深い洞察を述べています。「人生とは、二つの大きな神秘の間の輝かしい休止であり、その二つとは実は同じものなのである」〔1〕と言っており、これこそ、わたしがここで言いたいことです。

どういうわけか終わりは始まりであり、始まりは終わりを指さします。悲しい虐待を受けた子どもでさえ、「故郷」や「母親」を、何らかの理想化された形態として憧れ、何とかそこに戻りたいと思います。二度目は、今度こそ正しいあり方で求めようとします。このさきに、何が起きるでしょうか。わたしもユングと同意見ですが、一つの大いなる神秘が始まりのときに明かされ、その完全な実現へと、わたしたちを招き寄せることになるのです。あらかじめ埋め込まれたこの約束を手放すことができる人はほとんどいません。この帰巣本能を魂と呼ぶ人もいれば、内在する聖霊と呼ぶ人も、そしてノスタルジアとか夢とか呼ぶ人もあるでしょう。わたしにわかっているのは、これは決して無視できないものだということ。これはわたしたちを後方へ、そして前方へと招き寄せます。わたしたちの根っこと行く手と、両方の方向へ同時に呼ぶのです。これはまた、内側からくる恩寵のようでもあり、超越的な彼方から来る恩寵のようでもあります。魂はこうした永遠に深い時間の中に住んでいます。神がわたしたちの中に、神が元より与えようと望んでおられたものへの希求を植えつけたと考えると、納得がゆきませんか。わたしには、まったくそうとしか思えません。

もっとよく理解するために、郷愁〔ホームシック〕という言葉を調べてみましょう。

これはふつう、悲しいような気分、ノスタルジー、あるいは後方、前方に、満足を求めようとする空白感をあらわしています。わたしはこれをまったく違う意味で使いたいと思います。なぜならもう、あなたがたにはその準備ができているからです。わたしたちはひとつの「力」によって送り出され、また同じ「力」によって引き戻されます。キリスト教徒が、宇宙的キリストとはアルファでありオメガである、というのと同じ意味で、わたしはこの言葉を使いたいと思います。わたしたちはある種の深い郷愁に駆りたてられると同時に、呼ばれているようにも思えます。これを得たいという満たされなさ、内に備わったその不満がわたしたちを前方へ送り出し、また引き戻しますが、それはわたしたちの最も古い根源にありながら、もっとも先鋭的〔ラディカル〕な神との一体感から来ているのです。過去と見えたり未来と見えたりするものは、同じ故郷であり、同じ呼び声であり、「一千年もたった一日に過ぎず」(「雅歌」90章4節)、一日が一千年に匹敵する同じ神なのです。

『オデュッセイア』においては、憧れと不満にかき乱される気持ちが、トロイの滅亡と多くのギリシア人が故郷に戻れないということによって象徴されています。みんな故郷のことを忘れ、異国の地に故郷を作ろうとしたかのようです。あるいは故郷にはもう帰れないと定められたかのようです（まさにスピリチュアルな旅の典型的な迂回路や袋小路の描写です）。ただしオデュッセウスひとりが、何が何でも故郷に帰ろうとしますが、これこそわたしたちが目指すべき姿です。故郷を探し求めないものは、オデュッセウスが出会う「蓮を食べるもの」たちの象徴かもしれません。その人たちは自分自身を忘れ、みずからの深淵と意識を忘れたのです。九十パーセントの人は自分の人生の九十パーセントを、無意識の自動操縦の中で送っています。

聖霊とは多くの神秘家によれば、わたしたちのもっとも深奥のレベルで、おもに内側から「ひそやかに」働く神の一側面です。だからこそ神秘主義の伝統はそれを、風とか、火とか、舞い下りる鳩とか、流れる水というような微妙な喩えで語るのみです。何よりも、聖霊は――わたしたちがそれを許せばですが――わたしたちをすでに存在する流れに、内側で安全に接続させます。聖霊を「創り出す」とか外から手に入れる、ということはありえません。聖霊が内側に棲んでいることは、わたしたちが深い生き方にのっとることを学ぶにつれ、わかってきます。この完全な統一場はつねに、アニー・ディラードが言うように、与えられているのです。

ヘルマン・ヘッセは『荒野の狼』の中で、「わたしたちには導いてくれる者はいない。

唯一の導き手は、郷愁なのだ」と書いています。あのドロシーを、オズの国の中心へ進め、またカンザスへ連れ戻すことになったのは、彼女の変わらぬ故郷への思いでした。だからこそあの物語は古くからずっと、訴えかける力を持っているのです。魂レベルでは、そうした源〔ソース〕はどれもすべて正しいのだ、とわたしは思います。故郷とは、わたしたち自身である聖霊、神における〈まことの自己〉の別名です。神をみずからのうちに見出す瞬間に、神の中にいる自分を見出すことになり、それこそアヴィラの聖テレサによれば、完全な帰郷の瞬間です。それを果たすまでは、わたしたちは郷愁の状態にあります。今日では多くの人がそれを単なる孤独、孤立、憧れ、悲しみ、焦燥、あるいはある種の抑鬱と呼んでいますが。

この内なる聖霊の住まい、憧れの住む場所をさす通常の言葉は、魂でした。魂は、わたしたちはすでに持っています。ですからそれを手に入れるために、何らかの浄化のプロセスや、何かの集団への参入、そして司祭の救いなどは、必要ではありません。目的地は、最初からわたしたちの内側に植えこまれており、そこへ自由に意識的に到達するまでは、わたしたちを苛み続けます。司祭や秘蹟がなしうるのは、せいぜいが「神の賜物を、ふたたび燃え立たせ」(「テモテへの手紙　二」1章6節)ることで、それは時に功を奏します。しかし大いなる愛と大いなる苦しみは、時にこの必要不可欠な炎を燃え上がらせる、より大きな扇になります。

吉報は、導き手、ある意味の癒しの代理人、内なる羅針盤が万人の内側に住んでいることです。「中に同封されています」と、広告の謳い文句にあるように。聖書の言葉では「わたしたちに与えられた聖霊によって、神の愛がわたしたちの心に注がれているからです」（「ローマの信徒への手紙」5章5節）となり、また別の箇所では「わたしは、あなたがたをみなしごにはしておかない」（「ヨハネによる福音書」14章18節）と約束されています。これは聖霊がつねに女性的なものと考えられている多くの理由の一つでしょう。

聖霊は故郷から万人を導きだし、また故郷に向かわせますが、この聖霊は「ヨハネによる福音書」の中では「代理人〔advocate〕」とされ、聖霊とは語源をたどればparaclete、すなわち弁護してくれる存在です。なぜなら、わたしたちのある部分がすでに知っているとはいえ、目覚まし時計のように、それを内側から教え、思い起こさせてくれるものが必要だからです。聖霊はいつでも、わたしたちが自分のことを気遣う以上に、わたしたちを気遣ってくれます。わたしたちの代わりに、裁いたり非難したりする存在に申し開きをしてくれます。大いなる希望です――そうなると、人生を自分だけで生きなくてもよく、また完全に「正しく」生きなくてもよいのです。人生は、マリアに対してそうなった（「この身になりますように」〔「ルカによる福音書」1章38節〕）ように、そうなるものとなるでしょう。しかしあるレベルでは、それは同時に自分が自分に行っていることでもあります。どちらも同じように正しいのです。

この神秘は「神の陰謀」と呼ばれてきました。そしていまなお神と魂の間に何が起きているかを理解するためのひじょうに深遠な道のひとつです。まことのスピリチュアリティとはつねに、神と魂の間の深い「万事が共に働いて益となるという」（「ローマの信徒の手紙」8章28節）作業です。まことのスピリチュアリティとは、ある種の共同作業で、どちらの側も与えあい、受け取りあって、お互いに共有する真理と喜びを創造するのです〔2〕。

古代人が、全体性を求めるこの内なる憧れを「運命」あるいは「宿命」、「内なる声」「神の呼び声」と呼んできたのはもっともなことです。この憧れは、どうにも避けがたい感じ、権威、そしてゆるがしがたさを伴っており、ほぼすべての神話の核心部分にひそんでいます。ほぼすべての英雄は内なる声に語りかけられます。実際、彼らの英雄性は、その声を聞く能力と、またいずこへなりと従おうという危険を冒す能力の中に存在しています。悲しいことにこうした内なる慰めは、今日ではほぼあらゆるレベルにおいて、わたしたちに欠けてしまったものです。今日の問題とは、スピリチュアルな世界に真実味があるかどうか、わたしたちが心の奥底から疑っていることで、おかげで、人生を変えてくれるような声が聞こえません。これは、教会や寺院やモスクに通っている人にとっても同じです。

ポストモダンの人々にとっては、世界とは、古代人にとってそうだったのとは違い、そのもの自体が魔術的なものではありません。わたしたちはあらゆる「魔術」を、自分で行わなければなりません。おかげで孤独感、混乱、疑惑のただなかにいます。わたしたちのする発見や楽しみを裏づけてくれるような意味はもうありません。わたしたちはあらゆる意味を、この不活発で空っぽの世界において、自力で創りださなければなりません。ほとんどの人は、それにあまり成功していません。これこそ孤独で身勝手な時代における生の重荷です。すべてが自分にかかっているのですから。

しかし、この時代に生きることの幸いは、自然科学、特に物理学、天体力学、人類学、生物学が、宗教の深い直感の多くと一致する例をぞくぞくと発見してゆきつつあることです。それも、近年ますますペースが上がってきています。宇宙はほんとうは「活気づけられた物質」で、単なる不活発な存在ではありません。いまやそれを本能、進化、核融合、ＤＮＡ、電算システム、主回路基板〔マザーボード〕、癒し、成長、春の季節とさえ呼んでよいでしょう。自然は明らかに、つねに内側から自己を再生しつづけています。神は、内側をたえまなく外に向かって開き続けるかたちで、創造をやめない存在を、創造されたかのようです。それはもはや、神が一度だけ創造したり、進化させたりしたものではありません。むしろ、神のこの、正確な創造のやり方こそが、進化なのです。最後にやっと神が完全にみずからを形にあらわされるというのが、キリスト教の最初からの奥の手、切り札なのです。わたしたちは長い時間をかけてここに到達し、二元論者たちはまだ、そのハードルを飛び越せずにいます。

　以前に出てきましたが、海を知らない内陸の旅人たちが箕だと勘違いしたオデュッセウスの櫂のことを思い出してください。彼の櫂（あるいは職業）が、内なる作業の道具、麦と籾殻の差異、すなわち必須のものとそうでないものの差異を知る手段となり、これはまさに後半生において手に入れるべき分別心と物事の機微を知るためのわざとなるものです。ホメロスはわたしたちに、なんと見事なシンボルを与えてくれたことでしょう。これこそ、オデュッセウスの旅の目的を告げるしるしです。いまこそ彼は故郷に帰ることができるのです。なぜなら、現実に、まことの十全な自己にたちもどってきたからです。単なる「外への冒険」であった航海の日々は終わり、彼は今やより深い生のシンプルさと根源的な基盤に安らうことができるようになりました。人間としての「なすこと」をやめ、人間としての「あること」をようやく楽しむことができるのです。

重要なことは何度違う形で繰り返されても色あせないので、ここでわたしの考えの方向を要約させてください。わたしが言いたいのは――

●わたしたちは内なる衝動と必然性とともに創りだされ、そのためにだれでも、意識しようとしまいと、〈まことの自己〉を探し求めることになります。この旅は螺旋をなすもので、決して一方向だけに伸びる線にはなりません。

●わたしたちは内なる焦燥と呼び声とともに創り出され、それゆえ後半生の危険と希望へと促されてゆくのです。万人の中には神の大きさの穴があって、ふさがれるのを待っています。神こそがこの不満感を創り出され、それは恩寵と、最終的には聖なる愛のみによって満たされることになります。

●わたしたちは自己を麻痺させるような中毒、多種多様な戦略、心ない気晴らしによって魂や心を満たそうとはしません。邪悪の形とは、「大罪」のリストにあげられるようなものよりも、はるかに表面的で盲目的なものです。神は隠れておられ、やがて見出されます。あらゆるものの深みに、そして特にわたしたちの失敗や没落の深みにおいて。罪とはむしろ、聖書、秘蹟、教会のような聖なるものごとの表面的レベルにとどまっていることです。

●どんなことでもその深みに下りてゆくならば、何か本質的なもの「本当のもの」にぶつかるでしょう。それらには時を超えた価値があるのです。わたしたちは「信条〔ビリーフ〕」の初心者向けキットから、実際に内側でそれを知ることへ移行してゆきます。これは次のような場合に、もっとも真実となります。①深く愛する場合　②誰かの死の神秘に寄り添う場合　③あるいは神秘、時、美を前にして、人生が変わるほどの畏怖に打たれる場合。

●この「本当のもの」とは世界の諸宗教が、天国、ニルヴァーナ、祝福、啓示という言葉で指しているものです。それらはまったく誤りではありません。唯一の間違いとは、それを来世へと先送りしていることです。天国が後に訪れてくるのは、それはいま現在のすべてにおいて第一のもの、最初のものだからこそです。

●これらの物事は、永遠なる何かへの誓い、保証、暗示、そして約束となります。「本当なるもの」に触れると、その「本当なるもの」――それがほんとうに「本物」であれば――には、永遠に消えることのない内なる主張の確かさ、強度があります。なんならそれを希望的観測と呼んでもよいのですが、この希望は人類が始まって以来、人々の変わらぬ直感でありつづけました。イエスはそれを約束と言われました。サマリア人の女に「わたしが与える水を飲む者は決して渇かない。わたしが与える水はその人の内で泉となり、永遠の命に至る水が、湧き出る」（「ヨハネによる福音書」4章14節）と告げられたときに。言い換えれば、天国／一体感／愛は、自己の外側にその大半がとどまっているような単なる信念体系や所属システムからではなく、むしろ、わたしたちの内奥から湧き上がってきます。

そしてオデュッセウスのように、わたしたちはイタケ島を離れ、イタケ島に戻ってきますが、いまこそそこは完全な故郷となっています。すべてがそこに含まれ、なにも無駄になることも、また嫌悪されることもないからです。暗黒の部分でさえ、わたしたちのために用いられます。すべてが赦されます。帰郷とは、まさにそういうことなのです。知名度は高くありませんが、エジプトの詩人C・P・カヴァフィは、この理解を有名な「イタケ」という詩の中で、非常に美しく表現しています。多くの翻訳がありますが、次のようにわたしが訳してみました。

イタケ島はいまやそなたに美しき船旅を与えた
この島がなければ、そなたは決して道をたどることもなく
船旅において大いなる叡智を得ることもなかったろう。
みずからの経験に多く裏打ちされたいま
そなたはようやくイタケが真に何であるかを知ることになる。

Chapter 8

記憶喪失と〈大いなる絵〉

Amnesia And The Big Picture

神は人間に最初から本来のすべてを与えたかったが、人間には受け取ることができなかった。なぜならまだ幼子であったからだ。

聖イレナフス（125-203AD）「異端への反論」

自然全体が、その始まりから終わりにいたるまで、神そのもののひとつのイメージを成している。

ニッサの聖グレゴリウス（330-395AD）「人間の創造について」

多くの人がさまざまな言い方で語っているように、わたしたちはみんな誤ったアイデンティティという悲劇的な症例に悩んでいるようです。人生とは、意識的に、そして完全に、もうすでに存在する自分になってゆく道のりだと言えますが、その「自分」についてはあまりわかっていません。記憶喪失の深刻な症例に悩んでいるようなものです。以前にもふれましたが、多くのおとぎ話の主人公は、生まれながらに実は貴族、王族、王家の子女、あるいは神であったりします。けれど当人はそれがわかっていないので、ストーリーはその発見をめぐるものとなります。成長して自分のアイデンティティの奥深さを探りあてられるものにならねばなりません。この探索こそがまさしく旅の目的です。

〈まことの自分〉の発見について、教え導くのが宗教の役割ですが、この仕事はしばしばある種の適性テスト、個人的な達成にすりかえられてしまい、わたしたち宗教者の側も同じように、正しい集団に属している、正しい儀式を習得している、正しい信仰を持っている云々の宗教的業績に置き換えられてしまいます。そうしたものは、人を岸から引き離し、沖までつれてゆくタグボートに過ぎません。みずから漕ぎつづけて、神秘に携わるために使うオールに過ぎません。これらの道具と、あなたの深遠な「神の本性にあずかる」（「ペテロの第二の手紙」1章4節）能力とを混同しないでください。これはよくあることであり、このケースでは、手段をメッセージと混同、あるいは様式を本質と混同するという悲劇が起きます。

冒頭の引用が示すように、初期の教会、特に東方教会の師父たちは、自分たちが「神成〔セオシス〕」あるいは聖化と呼ぶものについて、冒頭の力強い引用文に見るように、決して妥協することはありませんでした。驚くべき引用はもっとある〔1〕のですが、この記憶自体がまた西欧の健忘症の一部です。福音書は、真実にしては出来すぎている――未来志向的かつ成果志向的、そして勝ち負けをもとにした人間の世界観からすれば、そうなります。

〈まことの自己〉についての深い洞察は、ヨハネの次のような言葉に見られます。「わたしは、あなたがたが真理を知らないのではなく、真理を知っており、すべて偽りは真理から出たものではないと書いているのです」(「ヨハネの手紙 一」2章21節)。そうでなければ、ヨハネもこれほど疑いなく堂々と、スピリチュアルな事柄を語れなかったでしょう。わたしも同じです。わたしたちはみな、〈より大いなるソース〉、統一場、スピリットを共有する場に身をおいているのです。また、単なる時系列の中の「今・現在」における知恵ではなく、あなたがたの内なる時の深みに存在している知恵を再確認したいのです。もう今ではそのことがおわかりでしょう。そうであってほしいと思います。

英国の詩人ワーズワースは次のように美しい言葉でそれを語っています。

わたしたちの誕生とは眠りと忘却にすぎない
内に湧き起こる〈魂〉、〈生命の星〉は

すでに別のところに定まっていて
はるか彼方からやってきたのだ
完全に忘れ去られてはいない
しかし完全に裸のありのままの姿ではない
栄光の雲のたなびくように
われらは故郷なる神からやってきた
幼い時、天国はすぐ頭上にある
しかし牢舎の扉は
成長とともに閉ざされてゆく
けれどその光は見える　どこから来るかも
歓喜のさなか、その源が見える〔2〕

これは長編詩のほんの一部ですが、読めばワーズワースが教会の名誉博士に値することがよくわかります！　成熟した宗教とはつねに、あなたを、偽りの自己という牢舎の閉じてゆく扉から救いだそうとするものです。わたし以前に多くの人たちが、スピリチュアリティとは、学ぶのではなく、学んだことを忘れることだと言っています。なぜなら「成長する子ども」はたいてい、大いなる幻影のまどわしの中へと入ってゆくもので、牢舎からその子を救い出し、神における始まりの地点に連れ戻すには、そうしたまどわしを解いてやらねばなりません。「心を入れ替えて子どものようにならなければ、決して天の国に入ることはできない」（「マタイによる福音書」18章3節）とイエスは言われます。これは、使徒たちの自己中心的で野心的な問いに対しての答えです。彼らは「天国ではだれがいちばん偉いのですか」と、尋ねたのです。

この話の意味するところは、わたしたちが声高らかに自分の信仰を誇るとき、その信仰は「使徒たちの信仰を見習おうとしている」だけなのではないか、というもので、これを聞くと、みなさんは驚き、また失望するかもしれません。使徒たちはめったに本質を探り当てず、わたしたち同様に愚かしいのですが、神はそれでも使徒たちをお使いにならました。なぜなら使徒たちも、わたしたち同様、幼い子どもであったからです。わたしもこの使徒たちと同じような信仰を持っています。わたしたちはみな、神と真理に向かう旅においては、永遠に初心者であり続けるのです。

天国と地獄

わたしたちが聖なる存在との一体感を発見する、というか再発見することを、多くの伝統では「天国」と呼んでいます。それの喪失が「地獄」です。わたしたちの記憶喪失の悲しむべき結果は、こうした言葉が、そもそも自分の現在の経験をさして言っているのだと想像できないことです。自分が何者かを知らないときは、あらゆる悟りを、未来の「報いと罰」のシステムの位置へと遠ざけ、そのシステムの中では、だれも勝利をおさめられないということです。〈まことの自己〉のみが、天国は今ここにあり、それを失うことが地獄である、と知っています。偽の自己は、わが友ブライアン・マクラーレンの言葉を借りれば、宗教を昔ながらの「来生への先送り計画」にしてしまいます。記憶喪失は悲惨な結果を生みます。ユダヤ人たちが「覚えている」ということを重視したがるのは、そういうわけです。

おのれの〈まことの自己〉を見出した者は、深遠な時の流れの一部として、また歴史の一部として、〈大いなる絵〉の中でどう生きるかを学んだのです。このフレーム

〔枠・額縁〕と目的地の変換を、イエスは「神の王国に生きる」ことと呼び、それはまさに一八〇度の方向転換です。このために、わたしたちは自分の小さな王国を手放さねばならないのですが、そんなことはふだん考えてもみません。人生とはまさしく「天国へ向かう修行」です。その修行とは、その合一を、自由に——未来に先駆けて——今、選択することです。天国とは、「ここ」と「あとで」の合体の状態です。今がそうであるように、これからもそうあるはずの状態です。望まないかぎり天国に入ることはできませんが、合一、一体感の中に生きた瞬間、全員が天国にいるのです。人がたっぷりと共有のゆとり〔room〕を持ち、他人の排除の必要性をなくしたとき、だれもが天国にいます。その心がもっと広くなったとき、その人の天国ももっと大きくなります。

おそらくこれこそイエスが「わたしの父の家には、すまい〔room〕がたくさんある」(「ヨハネによる福音書」14章2節)と言われた意味なのです。もしもあなたが自分のすぐれた値打ちだけをまとってひとりで天国へ赴くなら、それは定義から言って天国ではありません。天国についてのあなたの観念が、だれかを排除することを含むなら、それは定義から言って、天国ではありません。多くを排除すればするほど、あなたの存在は地獄に、そして孤独に近づきます。愛する人たちがそこにいない、あるいは別の場所で永遠にさいなまれている、と知ったら、だれが「完璧な幸福」を味わうことができるでしょう。それは不可能です。主の祈りは「天になるごとく地にもなさせたまえ」です。いまがそうであるように、その他のときも。ここがそうであるように、かしこも。わたしたちはまさしく自分が欲して求めるものを手にします。それは掛け値なしの真実です。

もしもあなたが、神自身を愛さないものを罰したり永遠に苦しめたりするのが神だという懲罰的なイメージを持っているなら、そんなばかげた宇宙では、地球上のほとんどの人が神よりも愛すべき存在だということになります。神はだれをも合一から排除することがないので、わたしたちが自由を守るために自分自身をそこから排除してしまうことをすら許します。そうした排除をあらわすわたしたちの言葉は地獄であり、それは論理的可能性として残しておかねばなりません。自分が合一から自分を排除し、共同体や愛よりも、分離や優越感を選ぶという論理的可能性もあるはずですから。みずからが最終的な孤独や分離を選ばないかぎり、だれも地獄にはいないのです。すべては願望にかかわっており、願望を許すか、または願望のもっとも深いレベルから身を引くかです。

興味深いことですが、教会は今までに一度もだれかが地獄に落ちるべきだと公的に宣言したことはありません。たとえユダであろうと、ヒトラーであろうと、スターリンであろうと。

イエスは、癒されたいと望んで癒しを求める者なら誰にでも手を置いて癒し、その癒しにはそれ以外の前提条件はありませんでした。ご自分で確かめてみてください。イエスの愛はこの世におられたとき、かくも無条件であったのに、なぜ死後、突然条件付きになったのでしょうか。そのイエスは同一人でしょうか。それとも復活の後、イエスは方針を変えたのでしょうか。天国と地獄があるという概念は、ありとあらゆる意味において自由を確保するためのものです。神こそがもっとも自由な存在で、神の敵と見える存在をも、赦し、救いあげ、癒し、祝福するのです。神がまずみずからそれを常にしておられたのでなければ、イエスはどうして、あなたがたの敵を祝福し、赦し、癒す（「マタイによる福音書」5章43節－48節）ことを自ら行い、またあなたがたに求めたでしょう。イエスは敵を愛せよと言われました。それは父なる神がつねにそうなさっているからであり、すべてのスピリチュアリティとは「神の模倣」に過ぎないからです（「エフェソの信徒への手紙」5章1節「こうしてあなたがたは神に愛されている子どもとして、神にならう者になりなさい」）。

ケン・ウィルバーは後半生における人生のステージについて、鋭い意見を述べています。古典的なスピリチュアルの旅は、つねにエリートとして始まり、平等主義者として終わるというのです。つねに！　ユダヤ教は初めは選民思想から始まり、いまでは民族の隔てを越えた預言者の集団、みずからをカトリックとか、福音派とか称するキリスト教の新たな強力な一分派になっています。イスラム教のスーフィー派やヒンズー教のクリシュナ派も、神の喜びをいたるところに見出すという意識を持っています。ウィリアム・ブレイクやレディ・ジュリアンのような神秘家も、ひとつぶの砂やヘーゼルナッツの比喩から始まり、やがて無限の中を漂うものという自己規定に変わっていきます。ネイティブ・アメリカンのスウェット・ロッジでは、参加者は汗まみれの身体を大地に着けて、「すべてはわたしと一体」と言います。カトリックもまたしばしば「協働」を通じてそうした心境に至ってほしいものです。

人生は多様性に向かって動いてゆき、それから、その多様性の最高のレベルにおける合一、一体感へと向かいます。「一にして多」という古い哲学命題がありますが、キリスト者はそれを神への信仰のなかで「三位一体」という形にまとめました。いままでわたしたちは平等よりもエリート主義のほうに傾いていて、「唯一なるもの」になりたがったのですが、その「唯一なるもの」の中に「多」をどう包みこんでゆくかを知らなかったのです。

ヨハネ・パウロ二世も、天国と地獄は、報償と懲罰の物理的な場所というよりは、そもそも意識の永遠の二つの状態である、と述べています〔3〕。わたしたちは自分の最悪の敵になりがちで、すばらしくて出来すぎていると思うような物事を忘れたり否定したりします。エゴは利益の多寡という視点を、神の恩寵の視点よりも好み、その中で、わたしたちは世界を勝者と敗者に分け、そこでは長所や価値はあらゆる意味を失ってしまいます〔4〕。勝敗のレベルでは、少なくとも少数の良い人が栄光を獲得します。神の恩寵レベルでは、すべての栄光は神に帰属します。

記憶喪失の回復と、天国への参入は、幸せな子どもの見る、いまだ魔法にかけられている世界の再発見なのですが、さらにそこに大人の成熟した愛の体験、それぞれの個性的な旅、すべての人間関係、そして自分の足下をしっかり見つめるために必要な失敗が加わります。この「第二の」子ども時代がどんなものかについては、実際の具体例が必要だと思うので、わたし自身の後半生について、少し語らせてください。

Chapter 9

第二のシンプルさ

A Second Simplicity

合理的、批判的思考の彼方から、われわれはふたたび呼び声を聞く。それは「第二の素朴さ」の発見につながる。それは「最初の素朴さ」への帰還であるとともに、いまや完全に新しい、包括的で成熟したものの考え方である。

ポール・リクール

人々は合理性以前だとみなされることをひじょうにおそれ、合理性を超える可能性を避け、否定する。あるものは、単なる前・合理的な感情を、正統的な宗教体験の代わりにしようとする。しかし正統的な宗教体験とはつねに合理性の向こうへと超えてゆく体験である。

ケン・ウィルバー

右の二つの短い要約文（正確な引用文ではありません）は、わたしのスピリチュアルな旅、知の旅における体験を多少なりとも代弁してくれた、二人の偉大な思索家のものです。わたしはひじょうに保守的な、そうです、ヴァチカンII期以前のカトリックの信者であり、素朴なカンザスに生まれ、敬虔に、また忠実に、規則に従い、両親の安定した結婚生活および、わたしの時間と空間を浄化してくれた多くのすばらしい典礼の伝統、そうした数々に守られ、囲いこまれて育ちました。それがわたしの最初のすばらしいシンプルな世界でした。ひじょうに幸福な子ども時代、青年時代を過ごしたことは、当時のわたしを知るものすべてが認めてくれるでしょう。

けれどもわたしは経験を重ねて成長してゆき、一九六〇年代、七〇年代のより大きな世界で教育を受け、哲学と神学を学び、フランチェスコ会で、広い一般教養を学びました。こうした教育は、合理性の複雑さの中に入ってゆく第二の旅でした。わたしはアダムとイブのように、楽園を離れたのです。もっとも新しい聖書の知識によれば、アダムとイブは歴史的存在ではないものの、重要な元型的シンボルであることは明らかでしたが。これはまずい、とカンザスに残っている両親は心配していました。わたしは知識と「啓蒙」に夢中になっており、もはやカンザスには戻ってこないと思われたからです。わたしは〔『オズの魔法使』の〕ドロシーと同じように「虹の彼方」へ渡ってしまったのです。楽園の外にいることはしばらくのあいだ悲しくもおちつかない体験で、無邪気さはいくらか失われましたが、それでも「神は人を追放し、命の木に至る道を守るため、エデンの園の東に、ケルビムときらめく剣の炎を置かれた」（「創世記」3章24節）とあるように、不幸にも、引き返す道はありませんでした。人生は、虹のこちらがわの子ども時代にいたときには、ずっと楽なものだったのです。

時がたつにつれ、わたしは伝統を守ると同時に進歩的にもなり、今日までその傾向は変わりません。わたしは、もっと大きくもっと幸福でさえある楽園を見出した（聖書の最後に書かれている新たな楽園のことを思い出してください。「ヨハネによる黙示録」21章）のです。今のわたしは完全にアダムとイブを信じていますが、それは以前よりも十段階以上上のレベルにおいて（身も蓋もない文字通りの言葉ですが）です。わたしは続く人生の大半を居場所を持たない人間――しかしどこへ行ってもそこを居場所とすることのできる人間――として生きてきました。どこにも居場所を持たないこのあり方は、わたしをさえ驚かせました。わたしはもはや単純なリベラル派にも保守派にもおさまりきらなくなったのです。これこそわたしが最初にパラドックスに、強烈に引き込まれたいきさつであり、わたしは中年期をかけて、いったい何が――どうして――なぜ起きたのかを考えてきました。

この「巡礼の旅路」はわたしにとっては、自分の世界が広がるにつれて、連続的で、自然で、有機的なものになりました。わたしは幸いにも講演会を通して、国から国へ、文化から文化へ、そしてコンセプトからコンセプトへ飛び移ることができたのです。しかし永く続いた伝統の遵守自体は変わりませんでした。それは単なるレンズ、また基準、内的宇宙、研究領域のまま、拡大しつづけました。わたしはつねに、よりさまざまな差異を認め、広い視野へと動いてゆくことになり、同時に包容性という自分の考え、人々に対するもっと深い理解、もっと直截的な正義感のほうへ近づいていったのです。神はさらに大きな存在となり、わたしをより大きな場所へ導いてゆかれました。もしも神が「包容」し、「許容」なさるのなら、わたしになぜ、それができないことがあろう。神が敵を粉砕される例には、めったに出会いませんでした。ほんとうのところ、アヴィラの聖テレサが言うように、粉砕されたのはむしろ神の味方たちでした。もしも神がわたしに無条件の広大無辺な愛を求められるなら、神がそれを同じように実践されていることは確かでした。

やがてわたしの前には、アメリカやローマ・カトリック教会よりはるかに広い世界が開けてきて、そこでも大きなパラドックスにぶつかりました。アメリカの貨幣制度における「e pluribus unum（多くのものの中のひとつ）」には、あまり多くの人たち（黒人、ゲイ、ネイティブ・アメリカン、貧困層など）が含まれておらず、わたしはクリスチャンとして、ローマ〔教皇庁〕に属する部分、つまりカトリック的な部分のどちらかを選ばねばならず、わたしはつねにそのスペクトルのカトリックのほうの極を選び続けました。イエスが「世界の救い主」（「ヨハネによる福音書」4章42節）でないのなら、救い主とは呼べません。アメリカが、自分以外の世界を民主的に扱わないとしたら、実は民主主義を信じていないことになります。わたしにはそう思えたのです。

けれども、このゆっくりとした変容のプロセスとそれに伴う現実化は、アメリカかカトリックかの選択ではなく、両方ともの実現でした。いずれも多くの祈り、自己懐疑、研究、会話なしには起こりませんでしたが、旅そのものがわたしを、教会が「聖性」と呼ぶものの、より深い意味へと導いてくれました。それはアメリカ人が自由と呼び、心理学が全体性と呼ぶものでした。今こそわたしは、多くを包容し、大きな視点から眺めることができるようになって、それらを超越する道へ乗りだしたのです。ポール・リクールのいう「最初の素朴さ」はその旅を続けるためのもっとも易しい道でした。怒りや自己分裂、疎外感、無知は不必要です。いまのわたしは、第二の素朴さ、シンプルさのようなものこそが、大人の成熟と宗教の成熟のゴールであると信じたい気持ちです。

わたしたちはよく、このシンプルさという言葉を侮蔑するようなニュアンスで用いてしまいますが、年長の人たちを「第二の子ども時代」にいると呼ぶことは、単なる直感だけではないと思います。もしかしたら、これこそわたしたちの行くべき道かもしれません。これこそ何人かの詩人が「子どもは人類の父である」と唱える意味ではないでしょうか。

なにごとにつけても小さな個人の視点に頼り、またそれを判断のよりどころにしてきたわたしの傾向は、歳月を重ねるにつれ、弱まってゆきました。「ユニヴァース——宇宙」という言葉の字義通りの意味は「ひとつのものの周りをめぐる」です。自分がその「ひとつのもの」ではないことがわかったのです。この宇宙には何か〈大いなる真実〉があるか、あるいは、つねに正しいといえる真理はないのか、そのどちらかです。すべての背後に何らかのパターン（たとえそのパターンがまれな例外であったとしても）があってほしいと、わたしは思います。そうでなければ、多くのポストモダンの思索家たちが思うような、無秩序でとりとめのない宇宙ということになってしまいますが、それはわたしには受け入れられません。

成熟した宗教も、また最近の科学者たちも、わたしたちは〈大いなる絵〉、超越、さらなる成長、自分との一体感、他者との一体感へと向かうように仕組まれているのだ、と言います〔1〕。すべての人のために神が存在し、聖なるDNAが万物に備わっているのでないとしたら、その神はどんな定義からしても神とは言えず、そもそも大した神ではありません。わたしたちはわめいたりもがいたりしながらも、つねに一体感と、包容する能力の高次のレベル（他者が他者であるという理由だけで許容できる）へと駆り立てられているように、わたしには思えます。「上昇するすべてのものは一点に収束してゆく」とティヤール・ド・シャルダンが言っています。

しかし大多数は歩みを止め、低いレベルにとどまっています。そこでは神は、「おんみずから」と相容れない、あるいは「正しく受け入れない」ものたちを永遠に苦しめ、排除しようとする存在です。そんなちっぽけな神が相手とあっては、安全や自由、愛、信頼、招待を感じることができるでしょうか。イエスはそんな愚かさを拒否して、こう言われました。「このように、あなたがたは悪い者でありながらも、自分の子どもには良い物を与えることを知っている。まして、天におられるあなたがたの父は、求める者に良い物をくださる」（「マタイによる福音書」7章11節）。わたしが人生の旅の途中で出会い、愛して下さった神は、つねに「なおさら良い物をくださる」という体験の源でした。わたしたちが神の似姿として創られているとすれば、人類について、被造物について、それらが神の顕現として、どれほど良い、真実な、美しいものだと言っても言い過ぎではありません。神とは創造と美であり、無限の力にまで高められた人間性なのです。

不安と懐疑

わたしにとって、すばらしい宇宙とは、一貫しない偶然的なコスモスではなく、邪悪に根ざすものでもありません。美を求めるというこの跳躍というか偏愛は、わたしの信仰と信頼のもたらす要請でもあります。しかしこの信頼の行為は、これまでの人間全体の九十九パーセントの常識であり直感でもあります。わたしはまた、自由で愛にあふれた神とは、親が子どもに対して望むのと同じように、万物が自らを再創造するように創られたと信じています。神はわたしたちも、それに加わることを望んでおられると思います。大いなるわざは、神のみならず、わたしたちのものでもあります。

もっとも、わたしは、それがいかにして、いつ、はたしてほんとうに、どこで、だれが行うのか、ある程度疑いを抱いています。この創造的な疑念のおかげでわたしはつねに〈初心者の気持ち〉を持ち続け、そのおかげで、成長、謙虚、嬉しい驚きの中に生き続けています。しかし多くの信者にとって、もっとも疑念や不安を起こさせるのは、この、内なるもののひそやかな自己展開です。信者たちは、ある種の魔法の杖を振ってくれる（ティンカーベルのように？）神のほうを、ひそやかにつつましい力を働かせて、わたしたちのプロセスを見守り、結果へと導いてくれる神よりも好ましく思うのです。それこそクリスチャンが、そもそも「進化する」という概念自体を、信仰へのつまずきの問題だと考える、たったひとつの理由ではないでしょうか。〈大いなる絵〉の中で、わたしたちが支払う唯一の値とは、いかにして、はたしてほんとうに、いつ、どこで、だれが、それを行うのかについての少々の疑念と不安を抱いてしまうことです。不幸なことにクリスチャンのほとんどは、相反する考えを同時に長く持ちつづけること、というか創造的なテンションを抱き続けて生きることに、慣れていません。

基本的な宗教の信条とは、宇宙における何らかの一貫性、目的、慈悲、導きを信頼するもので、わたしが思うにそれは、前章で述べたように、故郷、魂、スピリットの羅針盤のようなものから来ているらしく思えます。この信仰は、アインシュタインが統一場を発見する前にこう述べていた信頼の行為と同じものです。それは、なんであれ実在するものとは、二つの形式――「シンプルで美しい」形であらわれるということです。その通りだと思います。いかなる宗教においても神はひとつであり、神は良きものである、とされています。もしそうならすべての現実もシンプルで美しいものであるはずだと。ユダヤ人はそれを信条として、心に刻みこみ、戸口にそれを掲げて（「申命記」6章4節−5節〔※〕）、決して忘れまいとしています。

わたしが心配なのは、ほんの少しの疑念も不安も許せない「真の信者」、たとえば使徒トマスやマザー・テレサのように、そう教えさとした人です。確信に満ちた人というものは、つねにハムレットの母王妃のように「多くの反論をし」、がんばりすぎます。人生の神秘のすべてを抱え込むことは、その半分つまり死と疑念の神秘にも耐えることを意味します。なんであれ、ものごとを完全に知るということは、つねに神秘で不可知である部分を抱え続けるということなのです。

ほぼ七十年生きたいまでも、わたしにとって、自分というものはあいかわらず謎です。若いころにはたしかな確信を求めますが、それは意識レベルのほとんどの不安を除去してくれます。だからこそ多くの者が、前半生で手に入れたコントロール・タワーを離れたがらないのです。全体性をそっくりすべて受け入れられるだけの経験を、まだ手に入れられないからです。前半生の「シンプルさ」には、手放したくないような興奮や幸福

※柱と門とに書き記せ、とあるのは9節。

感があるのですが、行く手にはもっと深く、吟味された幸福感があることを知らねばなりません。若いころには、それがわかりません。だから後半生の段階にある者が、それを伝えねばなりません。年長者がいなければ、社会は集合体としても、そしてスピリチュアルな意味でも滅びてしまいます。

最初のシンプルさは若さの熱狂の中にあり、真正で危うい無垢として、ときに賛美されますが、それは同時に、わたしたちに分別があれば、そうした人についていってはならない理由でもあり、彼らを指導者に選んで従うべきではないのです。若いころには、ほとんどの疑念を払拭することも、おそらく必要でしょう。それはサバイバルのためのすばらしいテクニックです。しかし、その世界観は真実ではありませんし——叡智とも違います。叡智とは、神秘、疑念、そして「不可知」とみずから進んで同居するものであり、そうした生き方のほうが、逆説的ですが、その神秘をある程度解明してくれるのです。不可知であるということが別の意味での叡智になるのはなぜか、わたしには見当もつきませんが、しかしどうもそのように思えます〔2〕。最終的に「無知を学ぶ」(「無知の知」)には多くの学びが必要です。ディオニシウス、アウグスティヌス、ボナヴェントゥーラ、そしてニコラス・クザーヌスもそう述べています。

そのように人生を見ることのできない人たちに対し、悲しいことですが、わたしは焦燥をおぼえます。けれども、わたし自身、そこに到達するまでに長い年月がかかり、その中でさらなる寛容と共感を学びました。川を無理に流れさせようとか、川を所有しようとか、だれかを自分の思うような川に入れようとか、いまは思わなくなりました。また他の人がその川をわたしと同じような名で呼ばないからと言って、彼らとその善意を信じられないということはなくなりました。自分の狭すぎる川で何度も溺れて初めて、この大いなる良き地点に達することができるのです。

みなと同じように、わたしも多くの経験、教えや教師を得てきましたが、T・S・エリオットはそれを四行詩にまとめています。

われわれは経験を得たが意味をとりそこなった
意味へのアプローチは経験をよみがえらせる
違う形で、いかなる意味をも超えて
幸福へ向かうのだ〔3〕

「ドライ・サルベージズ」(『四つの四重奏』の三番)

エリオットの言葉は濃密すぎてわかりにくいものですが、もう一度読み返すに値します。後半生に達したわたしたちは、アメリカ的な幸福追求の生得の権利を求めるのが正しいとか、みんなが自分と同じ経験をすべきだと思わなくなります。むしろシンプルな意味ひとつで十分であり、それそのものがより深い幸福感になるのです。身体が食物なしで生きられないように、魂も意味なしでは生きられません。たとえばヴィクトール・フランクルは、あるレベルの意味さえあれば、人はホロコーストの中でも完全な絶望や自殺に陥ることはないのだと言っています。人間は意味の創造者であり、経験の中に深い意味を見出すことはスピリチュアリティの別名であるだけでなく、人間の幸福の形そのものです。

この新たな一貫性、すなわちパラドックスを包括できる統一場こそ、後半生を生きる人間を特徴づけるものです。それは複雑さを生き抜いて学んできたのちに、素朴なシンプルさに帰還するようなものです。長く生きて初めて「すべては〔統一場に〕属する」ことがわかります〔4〕。悲しく愚かしい、不毛な部分でさえも。

後半生で、わたしたちは、辛いことやこれまで排除してきた部分——たとえば自分と違う人たち、チャンスを持てなかった人たち――を、新しい統一場に帰属させることにエネルギーを使うことができます。自分が不完全で失敗者だということを赦すことができれば、ほかのすべての人にもその見方を広げることができます。自分自身に対してそれができなければ、自分の悲しみ、愚かさ、決めつけ、不毛さを他人にも適用することになります。これがほんとうの年長者になれなかった人たちの悲劇的な道です。その人たち自身、そのような年長者や導師を得られなかったからかもしれません。

そういう人は、いつまでも最初のシンプルさの喜びや明晰さを惜しんでいるように思えます。複雑さをとりあえず避けたために、最終的に、第二のシンプルさの大いなる自由と鷹揚を失ってしまったのです。わたしたちは人生のすべてのステージをまとめあげる必要があります。そして、なぜかはわからない奇妙なすばらしい理由によって、さらに年を重ねるにつれて、それは実に「シンプル」なものになってゆきます。

実際、本書を読まれたあなたにこのシンプルさが伝わらなければ、わたしのやり方が間違っているか、あなたが聞き間違えているかです。大いなる逆説とは、必要な複雑さ（これは必要な苦しみの別名です）を通過して初めて、第二のシンプルさに帰還できるということです。最初のシンプルさから、第二のシンプルさに、ノンストップで〔直行便で」飛びうつることはできません。

Chapter 10

まばゆい悲しみ

A Bright Sadness

わたしはまばゆさと聖霊によって死ぬ。
トマス・マートン『窓に喩えられた聖処女マリア』

後半生には重さがありますが、それははるかに深い明るさ〔lightness 軽さ〕、というか「これでよいのだ」という感じによって支えられるようになります。わたしたちにとっての成熟の日々は、ある種のまばゆい悲しみと、おちついた幸福感とも言うべきものによって彩られます。わたしは、これまでに出会ったすばらしい年長者たちの描写にふさわしい言葉を探そうとしています。実際にその人たちを見れば、あなたも納得して自分なりの言葉が見つかるでしょう。後半生にもやはり闇はあります――実際にはさらに多くの闇かもしれません。けれどもその闇を創造的に、そしてこれまでよりも楽に、持ちこたえられるように変化した余力も生まれてきています。

それは十字架のヨハネが「輝く闇」と呼んだもので、それは聖人ならではの深い苦しみと強い喜びの共存ともいうべき状態で、ほとんどの人には想像もできないものでしょう。東方教会は、正統的な宗教的美術というものがあるとしたら、それにはまばゆい悲しみがつきものだ、と述べています。わたしもそう思いますし、人生そのものがそうだと言いたいのです。

この後半生においては、人はネガティブなもの、恐ろしいものを除去しようとか、昔ながらの「これは悪い」という裁定を下そうとか、古い痛みにしがみつこうとか、他人を罰したりしようという必要性や興味を感じなくなります。優越感はあらゆる面において、徐々に離れ去ってゆきます。そうしたものと、もはや戦う必要はありません。何度もそれらに直面してきたため、それが無益で、エゴに立脚したもの、非生産的なもの、そしてしばしば完全に誤っている、ということがわかったからです。あなたは邪悪なもの、愚かしいものと正面から戦うよりは、無視するか、それにエネルギーを注がなくなります。

あなたが物事と戦うのは、直接的な必要にせまられ、その準備が出来ているときのみです。わたしたちはみな、あまりにも長く、あまりにも真正面から戦ってきたものを映し出す鏡像となっています。何に反対しているのかが、自分のエネルギーを決定し、やがて問題の立て方のフレームを形作ることになります。そしてあらゆる内面の自由を失います。

後半生によって、あなたはこれまでよりもゆっくりと、正面きって悪と戦うことは、自分の中に別種の悪を生みだし、自己像を肥大させ、攻撃した相手から多くの反動を誘い出すだけだということを、いやがおうでも学んでいきます。これは、後半生での学びのひとつのように思われます。『カラマーゾフの兄弟』の大審問官のことを、あるいは『薔薇の名前』であらゆるユーモアを除去しようとした僧のことを、あるいはフロリダ州でコーランを焚書にした人たちのことを考えてみてください。「自分のほうが聖性が高い」と称する人たちは、たいてい、だれよりも聖性が低いのです。

いまでは日々の生活は、スペクトルの最も保守的な極に対してであれ、最もリベラルな極に対してであれ、とっさに膝蓋腱反射のような反応をするよりは、じっくりとした祈りや見識が求められるものになります。あなたの反応にもスペクトルの広がりができ、それらは膝蓋腱反射よりも、もっと予期しがたいものになります。もちろん掟は今でも必要ですが、それはあなたを導く北極星ではないし、あなたにとって親しいものでもありません。それはあまりにもしばしば、誤りであり、残酷なものだったのです。

八つの至福〔※〕のほうが、いまや〈十戒〉よりも身近なものとなります。わたしはいつも、なぜ人々が裁判所の庭に〈八福〉の像を建てないのか、不思議に思っていまし

※ イエスが「山上の垂訓」で説いた八つの幸福。

た。やがてわたしはイエスの〈八福〉は、どんな戦争にも、力強い世界観にも、富裕層にも、消費経済にも、向いていないことに気づきました。前半生においては、裁判所という組織は良いもの、必要なものでした。でも後半生では、あなたは訴訟の代わりに、あれこれの物事に影響を与え、変化を促し、おだやかに説得し、自分自身の態度を変え、祈り、赦そうとします。そう、物事を法廷に持ち込む代わりに。

いまや人生は広々としたものになり、あなたという器の輪郭は、たえず新たな経験や関係を増やして、広がってゆきます。あなたは拡張可能なスーツケースのように、気づかぬうちにそうなっているのです。今やただ「ここ」にいるだけで、十分以上のものを持っているのです。しかも、こうした「ここ性〔hereness〕」にもそれなりの重み、権威、影響力があります。真の年長者が、加わっている会話をごらんなさい。その場にいるだけで、会話の中心、深さ、範囲をきちんととらえています。ほとんどの参加者は、そんなことが起きていることすら気づきません。そうした年長者が口を開くと。最小限の言葉で詩を生み出します。真の年長者は、わたしがちょっとやましく思いながら使いまくっている多くの言葉数を、必要としません。第二のシンプルさには、それ自体のまばゆさと明晰さがあり、その多くは言葉にならない言葉で表現され、それもほんとうに必要なときにだけ、言葉になって出てきます。声高に多くをしゃべるのは、真の年長者ではありません。

この段階で何かを知っているとすれば、わたしたちはみな一体でともにいて、衣服の下は同じように裸だということです。それは多くを知っている、という感じとは違い、このほんの少しの正直さが、不思議に心安らかな慰めを与えてくれるのです。若いときには、人と違うことで自分を確立していましたが、今では人と共通の部分を探すのです。同じだ、ということに幸福感を見出します。同じである箇所は、今ではずっと多く見つけられ、人と人の差異に注目したり、問題を誇張したりする必要がありません。ドラマを創造することに飽きてきます。

後半生においては、普遍的なダンスの一部であるだけで、よい気分がします。目立つ必要はなく、自分をきわだたせる動きも必要ではなく、ダンスフロアで誰よりもうまく踊ろうとすることも要りません。人生は自己主張よりも、分かち合うものであるので、さらに強く自分を打ち出す必要がないのです。それらは神の仕事で、わたしたちが思う以上にうまくはからってくださいます。今やまばゆさは内側からやってきて、それはほとんどの場合、十二分以上のものなのです。ダンスはもちろん真剣なものですが、意識を超えたフォームの自由さもあって、それがダンスをまばゆく輝かせるのです。愛し合う二人が一九四〇年代風のクラリネットとピアノの優しい音楽に合わせ、お互いの腕のなかでゆったりくつろいで、だれが見ていようと気にせずに踊っている姿を思い浮かべてください。そのダンスはまさにダンスそれ自体のためにあるのです。

この段階になると、わたしやわたしの属する集団が最高で、わたしの人種が優れていて、わたしの宗教こそが神の嘉《よみ》したまう唯一のもの、あるいはわたしの社会的地位や役割が優遇されるべきものだ、ということを証明する必要がなくなります。「モノ」や良い待遇をもっとほしがることに取り憑《つ》かれていません。まったく単純なことなのですが、わたしの毎日の望みと努力は、世界から受け取ったものをほんの一部でもお返しする、払いもどすことです。これまでのわたしに対しては、まったく無償で、宇宙から、社会から、神から与えられていた、ということが今ではわかります。エリザベス・シートンが言ったように、「他の人がシンプルに生きられるために、わたしもシンプルに生きる」のです。

エリク・エリクソンはこの段階にある人を「生み出す」人、自分の豊かさから、後続の世代のために、生命を生みだすことができる人と呼んでいます。なぜならそうした人たちは立派な器を作り終えており、より多くの真理、多くの隣人、多くのより広いヴィジョン、神秘的で豊かにあふれ出す神をもっともっと「器に取り込む」ことができるのです。

その人たちの神はもはや小さく懲罰的な、あるいは部族的な存在ではありません。かつては自分たちの乗った筏を崇拝していましたが、いまではその筏が連れていってくれる岸を愛しています。かつては道しるべを守ろうとしていたのに、今ではその標識が指さすところに到着したのです。そう、だれの指がいちばん正確に、すばやく、ぴしりと月を指させるかを争うのではなく、月そのものを楽しみます。

無限と広がりの感覚が成長してゆくと、もはや「外のあそこ」ではなく、「内なるここ」を見出すようになります。内側と外側が一つになります。内なる経験を信じることができます。なぜなら神でさえ、それを認め、用い、受け取り、磨き上げてくれるからです。そのことを聖アウグスティヌスは『告白録』の中で、ドラマティックにこう記しています。

あなたは内側におられたのに、わたしは外にいた。あなたはわたしとともにおられたが、わたしはあなたとともにいなかった。それであなたはわたしに呼びかけ、大声で呼ばれ、聞こえないわたしの耳を打ち破り、わたしの見えない視界に火をつけ、燃え上がらせ、追い払われた。あなたが惜しみなく与えたもう香りに、わたしはむせた。〔1〕

人生の中でそんなふうにむせることが何度かあったのち、ようやく、まばゆい悲しみの中に安らうことができます。その悲しみは、あなたが今や、より広い世界の苦悩を抱えているからであり、あなたは自分が楽しんでいるものをみんなにも楽しんでもらいたいと思うからです。でも、まばゆさもあるのです。それは人生とは――あるレベルにおいて――『創世記』に約束されているように、やはり「すばらしいもの」だからです。もう一度わが愛読書のマートンの詩集をひくなら、彼はこれこそ最高だと述べています。「それは［今やもう］大したことではないのだ。なぜならわれわれの絶望は、物事の真実を変えはしないし、つねにあそこにある宇宙のダンスの喜びにしみをつけることもできないからだ……われわれは［今やもう］むしろ目的を忘れ、畏怖すべき荘重さを風に投げ捨て、宇宙のダンスに加わるよう、求められているのだ」。〔2〕

後半生において、わたしたちはすべての物事、すべての出来事、ほとんどの人々について、こうあるべきだという強硬な意見を持つことはありません。物事や人々が、わたしたちを喜ばせる、あるいは悲しませる、ほんとうに深い影響を与えてくれるのにまかせるのです。もう、わたしたちを幸せにするために、他の人たちを変えたり、合わせてもらったりすることはありません。皮肉なことですが、わたしたちは後半生においては、人を変えられるような地位や立場に立っています――が、そうする必要がない、ということが大きな違いです。わたしたちは「行動すること」から「在ること」へ、そしてまったく新しい行動へと移ってゆきます。それは有機的で静かで、しみわたるような流れです。わたしたちの行動は義務や強迫感からではなくなります。なすように求められていることをなし、その結果については手放してしまいます。若いころには、それはほぼできないのです。

これこそ人生の戴冠のときであり、他のすべてはそうした人間の芸術を創造するための準備であり前奏曲です。今やわたしたちは、ただ自分自身であることだけで、他の人々を助け、影響を与えます。人間の統合性は、他の何よりも、人々に影響を与え、可能性から行動へと促します。老いた人々がいまだに自分自身に固執し、何事にも頑固な意見を通そうとするのを見ると、たいそう悲しくなります。そういう人たちは社会という織物の中で、必要な立ち位置を占めていないのです。その人たちが表面的に声高に主張する原理よりも、その人たち自身の深く練られた情熱が必要なのです。怒りよりも、平和な心が必要なのです。

そう、後半生には負うべき荷物はありますが、そのあり方以外では、いまのあなたの魂が求め、味わい楽しむ深い満足感を得ることはできません。この新たな深い情熱は、次のようにあらわされるでしょう。「これをやらなければ、わたしの人生に意味はない」「もはや選択の余地はない」といったぐあいに。あなたの人生と周りのめぐりとはもはや一つです。かつては人生とあなたの職業はまったく別の二つのものでした。あなたはいまや、好きなものを手に入れようとするのではなく、まさにいま、手に入っているものを好きになろうとします。これこそ前半生からの記念すべき転換であり、あなたが後半生に達したかどうかを知るリトマス試験紙です。

今や規則はすべて違ったものとなり、年配の人たちがものを自由に手放すやり方にそれを見てとることができます。愛蔵したり、所有したり、蒐集したり、持ち物や家や広い見聞の旅で人を感心させたりすることは、徐々に興味の対象ではなくなっていきます。

人生の悲しみと喜びの双方を抱いた内なるまばゆさこそが、報償であり、満足であり、その人たちが世界に与えることのできる最高で真実の贈り物となります。そうした年長者たちは世界の「大いなる」親です。子どもや大人たちは彼らの周りにいると、安全で愛されていると感じ、彼らもまた自分たちが必要とされており、子どもや青少年、中年の大人たちを助けられるのだとひしひしと感じます。実際にそうなのです！　彼らは自然な流れ「フロー」の中にいるのです。

不思議なことに、人生のあらゆる問題、ジレンマ、困難に、今やけりがつきます。それは否定的な見方や攻撃性や批判、実力行使、あるいは理詰めの解決などによって、そうなるのではありません。つねに、より大きな「まばゆさ」の中に落ちてゆくことによってです。ホプキンズはこれを「物事の根底にあるこのうえなく愛すべき新鮮さ」と呼んでいます。これこそわたしたちが待ち望んでいた「上方への落下」です！　わたしたちが運営する「行動と理解のセンター」の指導原理の一つはこんなふうに言いあらわすことができます。「悪に対する最上の批判方法は、それよりよいものを行うことだ」。これはわたしが聖フランチェスコから学んだことです。彼は、悪や他人を攻撃することに集中することはなく、ただ生涯を通じて、人生を幾度も、良きもの、真実なるもの、そして美しいものの中へと、「落としこんで」いったのです。それこそ彼が知る、「神の中へ落ちてゆく」唯一のやり方でした。

そうした内なるまばゆさは、悪に対して、戦争や怒り、暴力、イデオロギーがなしうるよりもはるかにすばらしく、また永続するもうひとつの道です。あなたがなすべきことは、みずからそうした輝く人に会ってみることだけです。そうすればその人が人類の最終ゴールであり、神の喜びの到達点であることがわかります。あなた自身がそうした輝く人になってください。本書はあなたにそれを知らせ、受け入れさせ、信頼させる本です。そうでなければ、本書の言葉も血肉となることがなく、ただの言葉の羅列で終わってしまいます。本書が、肉となるまでは、言葉は光り、まばゆく輝くことはないでしょう。

Chapter 11

影の国

The Shadowlands

光は闇の中で輝いている。闇は光に勝たなかった。

「ヨハネによる福音書」1章5節

あなたを訴える人と一緒に道を行くときには、途中で早く和解しなさい。さもないと、その人はあなたを裁判官に引き渡し、裁判官は下役に引き渡し、そして、あなたは牢に投げ込まれるに違いない。よく言っておく。最後の一クァドランスを支払うまで、決してそこから出ることはできない。

「マタイによる福音書」5章25－26節

こうした「まばゆさ」の喜びはともかく、そこに到達するためのパラドックス的な旅についても話しておかねばなりません。後半生においてあなたは嬉しくない「シャドウの自己」との邂逅を経験します。それはあなたが前半生に構築してきた、「あまりまばゆくない」ペルソナ（ギリシア語では舞台仮面を意味します）から、あなたを引き離します。あなたの仮面［ペルソナ］は悪いものでも、邪《よこしま》なものでも、自己中心的なものでもありません。ただ「真実ではない」だけです。それはあなたのマインドがこしらえ、維持してきたものですが、すべての虚構がそうであるように、いずれ消えてゆくことになります。

ペルソナとシャドウは相補的な概念です。あなたのシャドウとは、自分自身の見たくない部分、他人に見せたくない部分です。あなたが入念にペルソナを作り上げ、選び、それを守ってきたとすれば、そのぶんだけ多くのシャドウとのワークが必要となります。ですから、聖職者とか母親とか医師とか、善人とか教授とか、あるいは倫理の信奉者、あれこれの団体の長など、理想化された役割や自己イメージには気をつけてください。それに自分を合わせて生きるには、それらは大きすぎるペルソナであり、それゆえ生涯にわたって欺瞞の罠となります。そうした守られた自己イメージに固執し、そのことに気づいていないとき、あなたのシャドウは逆に大きくなります。そして、そのシャドウの自己を見ることなく疎外して生きていれば、自分が守ろう、主張しようとしているセルフイメージがどんなものかも、気づきにくくなります。それは二重の盲目性が、あなたの最上の自己、もっとも深い自己を見ること、そしてそれになることを妨げているようなものです。イエスは言われました。「あなたの中にある光が暗ければ、その暗さはどれほどであろう」(「マタイによる福音書」6章23節)

わたしは長年、一日に一つ、自分の不行跡というか至らない点が赦されるよう祈ってきましたが、それに対する自分の反応をも見つめなければいけません。わたしのような立場にあれば、巧妙に否定されているシャドウの自己と、理想化されたペルソナの両方を見極める道はそれしかありません。わたしは実際、聖職者のスキャンダルが、もっと世に出ないことに驚いています。なぜなら、「スピリチュアルな指導者」や「職業的な宗教家」とは、実に危険でエゴを肥大させるセルフイメージだからです。聖職者や何らかの信仰篤い人が、何かにやみくもに反対するときには、そのあたりに影の存在がひそんでいるということは確かです。

あなたのペルソナとは、たいていの人があなたに期待し、そしてそれをすばらしいと認めるものであり、あなたも自分をそれと同一化したいものです。あなたが内なるワークをしていれば、自分のセルフイメージとはただそれだけのものであり、守ったり、喧伝したり、否定したりするようなものではないことがわかります。でも、イエスがこの章の冒頭の文章で言われたように、あなたに難しい注文を出す人たちの「意を迎えようと」しはじめるならば、自分のシャドウがいくらか見えてくるでしょう。それを見過ごしていると、非常に重要な叡智を見逃し、自分自身の中に「幽閉される」か、他人に「法廷」につれてゆかれるかです。そして自分の人生と人間関係を修復するためには、「最後の一クァドランスまで支払う」ことになります。性的なあるいは金銭のスキャンダルによって、公衆の不興を買った、多くの政治家や聖職者のことを考えてみてください。「敵に法廷へ連れてゆかれる」とはまさに、内なる物語に振り回されることのまことに的確な比喩です。十秒もあれば、自分自身や相手に対する非難、怒り、苦悩に満ちた、完全な自己正当化のシナリオを作り上げることができます。イエスは「その人はあなたを裁判官に引き渡し、裁判官は下役に引き渡し、そして、あなたは牢に投げ込まれる」と言われました。仏教の尼僧であり作家であるペマ・コドロンは、いったん自己正当化の物語を作り上げたら、その中にある感情の罠が四倍になる、と言っています。至言です。が、わたしは毎日それをやり、罪状告発を述べる十秒の間に、自分にとっての最悪の裁判官、弁護士、陪審員になります。

あなたのセルフイメージは本質的でもなく、永続するものでもありません。それはただ自分のマインド、欲望、選択から作り上げられたもので、他人に好感を持たれるためだけのものです。それはプラトンの主張する、非現実的なイデア界のまわりに漂っています。それはまったく客観的ではなく主観的なものです（だからといって影響力がないわけではありません）。後半生への叡智への移行には、シャドウとのワーク、および健全な自己批判の思考が必要です。それだけがあなたに、自分の影と自己擬装の彼方に目を向けさせ、パウロが言われたように（「コロサイの信徒への手紙」3章3節）「キリストと共に神の内に隠されて」いる自身を見せてくれるのです。禅の老師はこれを「父母《ぶも》未生《みしょう》以前《いぜん》の本来《ほんらい》の面目《めんもく》」と呼びました。この自己は死ぬことがなく生き続ける、あなたの〈まことの自己〉なのです。

　イエスは「まず自分の目から梁《はり》を取り除け。そうすれば、はっきり見えるようになって、きょうだいの目からおが屑《くず》を取り除くことができる」（「マタイによる福音書」7章5節）と言われました。また「あなたの目は、体の灯である」（「ルカによる福音書」11章34節）とも。スピリチュアルな成熟とは主に「見る」〔わかる〕ことの成長であり、完全に見ることとは、全生涯を、最後の数年、数カ月、数週間、そし日々の大いなる跳躍を含めてすべてを受け入れることです。ホスピスのボランティアはそう語ってくれるでしょう。内なるワークに心を向けるなら、その人の晩年には、「見る」ことにおける、これまでの蓄積が実を結び、急激な成長が起きます。またいっさいのシャドウとのワークや謙虚な自己認識を否定する人に対しても、何かが拒まれ、閉ざされてゆきます。ニュルンベルク裁判のことを考えてください。しかし、何百万人をも殺したナチの人たちはいまだに完全にそれを否定し、自己の倫理的セルフイメージを最後まで持ち続けています。どちらのタイプについても、だれにも思い当たる例があるでしょう。

シャドウのワークとは、自己の面目を失わせるワークですが、それは正当なのです。もしあなたがそうした「自己の譴責《けんせき》」を定期的に行わず、あなたの人生にあらわれる裁判官や法廷や官吏（つまりあなたの否認している過ちをあなたに示し、弾劾する人たち）に自己正当化でおもねろうとするなら、あなたは永遠に前半生の状態にとどまるでしょう。大きなシャドウボクシングなしでは、後半生に到達することはできません。残念なことですが、このボクシングは死ぬまで続きます。唯一の違いは、あなたはもはや自分の驚きに驚くことも、自己譴責に面目を失ったと思うこともない、という点です。あなたは、さまざまな形の優柔不断、欺瞞、虚栄心、あざむきに出会うでしょう。けれどもいまやその向こうを透かし見ることができます。それによって、そうしたシャドウのゲームも力も砕かれてゆくでしょう。

オデュッセウスは、同じような浅はかな自己判定に、何度も直面させられました。彼や周りのものは大いにそれに悩まされましたが、彼はつねにシャドウの部分から多くを学んできたようです。このパターンを「黄金のシャドウ」の発見と呼ぶ人もいます。それは魂に多くの啓示をもたらすからです。物語や小説によくあるパターンとは、主人公がこのシャドウとの対決から何かを学んで成長し、いっぽう敵役は決してそれをしない、というものです。必然的に、強い印象を与える映画や小説とは、「主人公の向上」と、シャドウとのワークを通じての成長を見せてくれるものになります。わたしたちみながこれに感銘を受けるのは、それが全員に対する呼びかけだからです。

わたしたちはみな若いときに自分のペルソナに強く自己同一化するので、否認の達人となり、そのペルソナに反するものすべてを除去しようとするようになります。ペルソナもシャドウもそれ自体悪いものではありません。ただ、わたしたちに悪いことを犯させて、それと気づかせないだけです。わたしたちのシャドウの自己は、自分をあるレベルの偽善者にします。思い出してください。偽善者〔hypocrite〕は、ギリシア語で単純に「俳優」、つまり「本当」ではない役割を演じるものを指しています。わたしたちはみなそれぞれある種の小部屋の中にいて、その役割を果たすよう、社会に求められています。たいていは、あなた以外の全員にあなたのシャドウは見えますから、自分以外のだれもが自分のことを見抜いている、と知るのは非常に大切なことです。

聖者とはまさに、抗弁したり自己主張したりする「わたし」を持たない人です。聖者の「わたし」は「われあり」の神との意識上の合一であり、それだけで十分なのです。神聖な合一は、自己憎悪や自己否定の必要性を乗りこえてしまいます。そうした人たちは、完璧に正しくあろうとする必要を感じず、どのみち、そうはなれないことを知っています。それなので、彼らは「正しい関係」の中にだけいようとします。言い換えれば、彼らはなによりも、「愛する存在」であろうとしています。愛があなたをしっかりと、安全に、そしてつねにつなぎとめています。ポゴが言ったように、そうした人たちは敵に出会ったことがあり、最大の敵は「自分」だと知っています。けれども「自分」を憎む必要はなく、ただ「自分」の向こうを、彼方を、見通すことさえできればよいのです。シャドウとのワークは文字通り「あなたをあなた自身（偽りの自身）から救う」ものです。それが、救済にいたる第一歩の根本的な意味です。

あなたが〈光〉に近づけば近づくほど、より多くのシャドウも見えてきます。だから真の聖なる人たちはつねに、謙虚な人なのです。シャドウが罪と区別されていたら、キリスト教徒はもっと多くの奉仕をなしとげられたでしょう。罪とシャドウは同じではありません。わたしたちは何よりも罪を避けるよう教えられてきましたが、その代わりに多くがシャドウと対決することを避け、結果としてもっと悪い「罪」を犯してしまうのです――しかもまったく無自覚に。パウロがこう教えています。「サタンでさえ光の天使を装うのです」(「コリントの信徒への手紙 二」11章14節)。ペルソナは自らの中に罪を見たがらず、つねに良いもののように擬装します。それだからシャドウの自己は必ず、自分自身を「思慮分別」「常識」「正義」だと装い、実際の恐怖、統制、コントロール、そして復讐をさえ「あなたのためにしているのだ」というふりをします。ルシファーという名が実は「光をになうもの」の意味だというのを聞いたことがありますか。悪はつねに闇を光のように見せかけ、あまつさえ光を闇のように見せかけます。

したがってあなたが何かに動揺し、そのことに対して度を越した感情的反応を示すとしたら、それはシャドウの自己があらわになった時です。ですから過剰な反応や過剰な否認には注意しましょう。それらに気づいたら、ペテロのあの鶏が鳴いたのだと知ってください(※)。成熟した人あるいは聖者がなぜそれほど平和で、自己をも他人をも受容しているのかという理由は、もはや隠されたシャドウの自己が残っていないからです

※ 鶏が鳴く前におまえは三度わたしを知らないと言うだろう、とイエスに予告されたペテロはそんなことはしないと明言したものの、イエスが逮捕された夜、あの人の仲間だろうと問われて、三度否認し、そのあとで鶏鳴を聞き、激しく泣いた。「マタイによる福音書」

（けれども、もちろんつねに、少しは残っているものです。例外はありません。シャドウとのワークには終わりがありません）。否認され、擬装された自己が顔をあらわし、目を覚まし、人生すべてを変容させるには、大変なエネルギーが必要なので、自分の恐れ、怒り、さらに言えばテロリスト、イスラム教徒、社会主義者、自由主義者、保守主義者、ヘイト・ラジオの道へ向かったかもしれない生き方をさらけ出すには、まったく時間が足りません。

さまざまなシャドウは次々に姿をあらわしつづける（物理的な宇宙においても、シャドウは闇と光の混合によって作られます）ので、そのうち、あなたは人や物事、特に自分自身を理想化、偶像化することにだんだん飽きてくるでしょう。あなたはもはや「内なる黄金を他人に投げ与えてしまう〔他人にすばらしいものを投影する〕」ことをしません。自分の分は自分で取っておき、他人の分は他人のものとします。それは他人を愛さなくなるということではなく、ただあなたが出発点に立ったということを意味します。自己憎悪や自己懐疑ではなく、逆です。なぜならあなたはついに、黄金をも弱点をも自分のものとして認め――二つはお互いを打ち消しあったりしないからです。そうして、それを他人にも適用して、ある人物の中にひとつふたつの過ちを見つけたからといって、より大きな関係を破壊したりしないようになります。ここで、あなたは観照的というか、ノンデュアリスティック〔非二元的〕な考え方の絶対的重要性を理解するでしょう。これについては後に少し述べます。

シャドウボクシングのもたらすのは、影とそのゲームを見抜くことであり、そうしてシャドウの隠された力を奪うことです。アヴィラの聖テレサが、まことの自己知識という住まいこそは、何よりも第一の住まいだと述べたのは不思議ではありません。自分の隠された、あるいは否認した自己に直面すれば、もはや不安はなくなります。なぜなら暴露される——自分にも他人にも——という恐怖が消えるからです。ゲームオーバーで、あなたは解放されます。あなたはいまや伝説の「聖なる愚者」、パウロが最終段階（「コリントの信徒への手紙　二」11章）と呼んだもの、すなわち守ったり主張したりするべきペルソナがない状態になります。あなたはついに、まことの自分自身になり、擬装も恐怖もない自分自身になれるのです。

抑鬱と悲しみ

シャドウのワークでは必ず、ある程度の悲しみ、不面目感、失望が生じてきますから、それを認識しても、それに拘りすぎないことが一番です。悲しみや自己の不甲斐なさを感じるのは、偽の自己です。なぜなら、ゲームは終わったからです。聖なる悲しみ——かつては良心の呵責と呼ばれたもの——は、自分の中に、そして世界の中に未知の新たな部分が開かれることの代償です。ある程度、そうした必要な悲しみ（必要な苦しみの別の形）を感じ、受け入れ、直面することは大切です。

男性とのワークでは、多くの男性がこの深い悲しみを感じられないとか、拒絶するということがあり、それは向かう先を持たない怒り〔1〕という形を取ります。その怒りの底に到達する唯一の道は、その下にある悲しみの大海に直面することです。男性は泣くことに抵抗があるので、涙を怒りに変えてしまい、ときにそれは本物の抑鬱《よくうつ》の形で、魂の中にあふれ出てしまいます。男性は実際、この競争社会では、シャドウの自己をつねに否定するよう求められるので、最後には悲しみと怒りに満ちた老人になってしまいます。シャドウとのボクシングを行えば、男性にはもっと多くのことが可能なのです。

でもまずは、必要な良い悲しみと、ある種の抑鬱状態を区別させてください。抑鬱状態の人の多くは、必要なリスクを冒《おか》したこともなく、コンフォートゾーンの外に出たこともなく、必要な苦しみに直面することもなかったので、無意識は、この人は実際に生きたこともなく愛されたこともないのだ、と知っています。この抑鬱は、必要な悲しみとは違います。働きとしては同じように見えるのですが。非常に多くの人が晩年になって、単なる抑鬱か怒りに陥るのではないかと思われます。晩年を過ごすのに、それはなんという不幸な生き方でしょうか。

大きな驚きの一つは、人間はシャドウとのボクシングによって、自らの矛盾に直面し、自分の過ちや失敗と和解することによって、完全な意識状態に達することが可能だということです。内なる葛藤を持たなかった人は、表面的で無感動な人間になります。そういう人とはお互いに語り合い、分かち合うというより、単にその人を我慢するということになりがちです。なぜなら、彼らは人に分かち合うものを持っていないからです。シャドウのワークは上方への落下の別名です。レディ・ジュリアンは何よりも穿った言葉でこう言っています。「まず最初に落下があり、そののち、落下から立ち直る。どちらも神の恩寵である」と。

Chapter 12

新たな問題と新たな方向

New Problems And New Directions

よく規則を学び、よく従いなさい。そうすれば、それを正しく破る方法がわかるだろう。

ダライ・ラマ

あなたが正しいコースをたどるならば、後半生の世界ははるかに大きく広がってゆくでしょう。またしてもパラドックスなのですが、あなたの信頼する仲間や親友の数は減ってゆき、けれども、残った人たちとはお互いもっと親密になるでしょう。あなたはもはやほとんどの人――そしてほとんどの組織――が前半生の課題に取り組んでいるのを見て、驚いたり怒ったりしなくなります。実際、その課題こそほとんどの集団や組織、そして若い世代が行うようにプログラムされているものなのです。それをとがめたりしないでください。

組織・団体というものは、会員の条件、ポリシー、手続き、規約、そして先例にこだわらざるを得ません。稼働している組織なら、採用や解雇について、管理や監督業務についてきわめて厳格な基準をもうける必要があり、昇進や給料にも決まりがあります。

適法か訴訟沙汰かにひじょうに拘ります。組織がそういうことをきちんと整えていないと、あなたは怒りますが、それはエゴの要求であり、魂の要求ではありません。これがわたしたちみなのジレンマであり、かんたんには解決しません。けれども、これが創造的な緊張感を生み出すこともできるのです。

こうした、必要かつ創造的な緊張感を避けるために、わたしたちは昔ながらの合言葉「実社会では」とか「せいぜいこのくらいの最低線であれば」とかで、けりをつけようとします。福音の多くはそんなふうに、魂の叡智をかんたんに後ろへおしやることで、無視されてきました。魂の叡智は、実用、効率、収益創出に優先されることがほとんどありません。福音の最低線とは、ほとんどのものはなんらかのどん底〔最低線〕に落ちてのち、まことのスピリチュアルな旅を始める、ということを意味します。そこにいたるまでは「宗教」のまだ一歩手前です。最低の状況では、実用ひとすじや、効率、収益創出をめざす時間はなく、その興味も湧きません。ただ新鮮な空気が吸いたくなります。まことの福音とはつねに新鮮な空気であり、広々とした呼吸のできる空間です。

ですから、ここで、わたしたちの問いはこうなります。「前半生の必要事項を尊重しつつ、いかにすれば後半生のための空間、ヴィジョン、時間、そして恩寵を創り出すことができるか」。この緊張感を保つことこそ、まさしく叡智そのものです。隠者や隠退した人たちだけが、完全に前半生のやり方を忘れて、後半生に身を捧げることができますが、それでも衣食住は必要です。人間の芸術の形とは、実りある活動と観想的スタンスとを合体させることです。どちらかを選ぶのではなく、同時に、両方を採るのです〔1〕。

いかなる集団も、こうした実際的な物事にかかわらないわけにはいきません。だからこそあなたは、年を重ね、賢くなるにつれて、教会も含めてそうした組織に苛立《いらだ》つようになります。あれこれの要請はどれも一貫していません。歴史的に、カトリックと東方教会の伝統においては、人は世間を捨てて修道僧や尼僧になったのですが、今では宗教的生活でさえ、そうした組織化に悩まされ、本来そうであるべき自由の拠点、叡智の学び舎に、必ずしもなっていません。わたしたちは「教会化され」てゆくようです。

前半生において、福音や叡智の思考にどっぷり浸ることがひじょうに稀になっているので、わたしたちは「答え」や組織に安住したくなり、そうした「答えならぬ答え」の周りに決まった構造を打ち立てます。アメリカ人なら、右の頬を打たれたとき、左の頬を出すことはできないでしょうし、カトリックでも、聖餐《せいさん》のテーブルを、信者でない人たちとともに囲もうとは思いません。結局、だれもが身を投じてしまう小さな川のために、より深い最初の大河を否定してしまうのです。事実、この細い流れに浮かぶ平底船やボートや橋を改善して、もっと楽にそこにいられるようにしようとはします。カトリック教会は現在、多大な努力と時間を使って祈禱《きとう》の言葉を「オリジナルのラテン語」（イエスが語ったこともなく、むしろキリスト教を迫害した側の言語です）に戻そうとしていますが、いっぽうで世界はあらゆるレベルにおいて未曾有の災厄に見舞われつづけています。聖域とは、聖職者がいまだに多少の裁量権を持つ唯一の世界のようです。ですから改めて言いますが、そこでは、わたしたちの小さな川をうまく航行することのほうが、大河に飛び込むことより優先されているのです。

イエスは最初に教会を「二人または三人がわたしの名によって集まるところ」（「マタイによる福音書」18章20節）と定義されましたが、それがいまだに、こうしたイリュージョンを避ける最上の方法になっていないことに驚かされます。わたしの見るかぎり、ほんとうに人を助け、癒しのわざを行う多くの人をサポートしているのは、何よりも目覚めた二、三人の友人であり——その次に、大きな組織ということになります。大きな組織は骨格は提供しているかもしれませんが、筋肉や内臓、そして奇蹟は末端のレベルで起きるのです。

エゴおよびほとんどの組織は「目には目を」の因果応報の宇宙を求めており、魂は豊穣、恩寵、自由の海、決して組織化できない海を泳いでいます。思い出してください。福音書の中には、雇い主は、ぶどう園で一日の一部分だけ働いたものにも、終日働いたものにも同じだけ支払ったと書いてあります（「マタイによる福音書」20章1－16節）。これは魂のレベル以外では、まったく計算に合いません。魂の豊かな人たちは、その穏やかさでわたしたちの癇癪《かんしゃく》を鎮め、平安でもって焦燥を和らげ、あらゆる会話について、それが二元論的な論争に陥ったときでも、他の選択と代替案に満ちた世界を示してくれます。

魂の豊かな人たちは、集団を成長させるのに必要な塩であり、酵母であり、光です（「マタイによる福音書」5章13－16節）。イエスは、わたしたちが完全な食事、まるごとのパン、煌々と照らされた都市そのものであることではなく、それらあらゆるものごとを生起させる穏やかな水面の波の満ち引きであるよう、求められました。だからこそすべての組織は、後半生の人々を採用すべきなのです。どの組織にも「二人または三人」がいれば、全体が自己利益の追求に陥ることはありません。

それぞれの集団にわずかでもそうした魂の豊かな人々がいなければ、夕暮れにぶどう園にやってきた人、最後尾に並ぶ人、いわゆる「普通」から外れた人は、決して支払いを受けられないでしょう。悲しいことですが、それが政治と教会両方が目指している方向です。ですからわたしたちは、二人か三人の、「後半生」人を、ほとんどが「前半生」人であるような場所に、何とか配置しなければなりません。これこそイエスが「十字架を負う」と言われた意味です。

ほとんどすべての集団や機構が前半生の構造を持っている、と言っても、わたしはあなたがたをがっかりさせたいのではなく、むしろその逆です。何よりもこれは事実ですし、無用な期待を持たせて落ち込ませたり、失望させたりしたくないのです。本来その集団の責務でないものを、期待したり求めたりしないでください。期待しすぎると、怒りや反発が出てきます。そうした集団は、アイデンティティ、自分の「分」、自己維持、自己保存、そして自己満足に関わらざるをえず、今後もそうしてゆくでしょう。それがそうした集団の本性であり、目的なのです。せいぜい望めるのは、ときおり「わたしの名において集まる二人または三人」の中から幾人かの目覚めた指導者とポリシーに出会うことくらいです。

後半生のあなたは、他人がなすべきだと感じていることをするのを祝福し、なすべきことをするのを認め、彼らが自らや他人を傷つけるような行為にいたるときにはそれを止めることはできます。が、前半生の人たちに同調して加わることはできません。組織を支えるためにそこに属することはできますが、アイデンティティのすべてをそこに注ぎ込むことはありません。それによって、無用ないらだちや怒りを免れ、反対側からは開かない扉をたたき続けることからも解放されるのです。要するに、それが「キリスト教精神をあらわす」〔2〕ということなのです。

イエスでさえ、自分たちの種子を人通りの多い道や岩だらけの土地、あるいは茨の中にまくのは時間の無駄だと言われています。受け入れやすい土壌を待つべきだと（「マタイによる福音書」13章4－9節）。わたしはそうした人たちを、かけ算の乗数、観想者、変革者、と呼びます。今日、こうした受け入れやすい土壌は、教会の内部よりもむしろ外部に見られます。内部の多くは、集団としても個人としても、必要な「初心」を失っています。けれどもイエスご自身が、これを予言されていました。「この世の子らは光の子らよりも、自分の仲間に対して賢く振る舞っているからだ」（「ルカによる福音書」16章8節）。それこそ、イエスが、罪人、アウトサイダー、異邦人、サマリア人、女性、ローマの百卒長、貧しい者、皮膚病患者を、ご自分の物語の主人公になさったかの理由でしょう。

多くの有能でまじめな人たちが組織の中にいるにもかかわらず、なぜモーゼ、イエス、マホメットの名において培われた宗教的なものが、みずから排他主義や「反対」を旨とする集団になってしまったかについて、あなたが唯一言えるのは、それは現在にいたるまでの歴史が、前半生の課題をのみ求めてきたからだ、ということです。イエスがペテロに与え、「閉め、また開く」「鍵のパワー」が、必然的に開ける——教会組織の利益になる場合にのみ——ほうよりも、主に閉めるほうに用いられてきたのは興味深いことです。けれども前半生はみずからを「否」で定義し、後半生は「然り」で定義するものだ、ということを思い返すと、納得がゆきます。イエスご自身が後半生に属する教師であり、パウロによれば、「神の約束はすべて、この方において「然り」となった」(「コリントの信徒への手紙 二」1章20節)方であったのは、わたしにとって嬉しいことです。

さびしさと孤独

あなたが「然り」と言っても、長年の友人がみな「否」と言った場合、当然ひじょうなさびしさを覚えることでしょう。それゆえ昔なじみの仲間、友情、そして教会さえ、昔とまったく同じようにはあなたに言葉をかけないことも、覚悟してください。けれどもそうした混乱の感情は新たな能力——独りでいるという能力——そして独りで幸福であれるという能力——によって、大きく緩和されるとお約束できます。この時点での大きな驚きの一つは、さびしさに対する薬とはまさに孤独である！　ということです。そんなことをだれが想像したでしょうか。わたしは今これを、ほとんど四十日間独りで過ごしているレンテンでの隠遁生活の中で書いています。けれどもこのうえなく幸福であり、万人との一体感を感じ、この惑星での人生の悲劇的な意味に祈りに満ちて一体化し、けれども完全に「生産的」であり続けています。ほとんどの人はこれを理解できないでしょうが、これはまったく別のレベル、生産性のまったく別の資質なのです。深い時間の中に入ってゆくと、だれでも聖者や罪人、過去と未来の完全な共存とひとつになってゆきます（ところでわたしは、これは生まれ変わりを理解する良い方法だと思っています）。深い時の中では、どんな人にも意味があり、影響力があり、単なる過去ではなく「現在」にいます。

基本的に、前半生はテクストを書く時間であり、後半生はそのテクストに注釈をつけてゆく時間です。わたしたちはみな、年を重ねるにつれ、幸せで必要な内向性へと移行していきます。そうした内向性は、人生が与え、取り去っていったもののすべてを明らかにするのに必要です。わたしたちは、今や必要であるだけでなく、どういうわけか自然になった観想状態の中に入っていきます。ほとんどの年配者が騒々しい音楽、不必要な気晴らし、人混みなどを選ばないことは驚くにあたりません。わたしたちは、魂のスケジュールに従い、刺激の少ない状態に向かってゆきます。人生にはもう十分な刺激があったので、たとえ無意識にもせよ、いまやそれを反芻し、統合しなければなりません。沈黙と詩が、わたしたちのより自然な声、より美しい耳になってゆきます〔3〕。多くの人の人生が高度に象徴的で「接続に満ちた」ものとなり、小さな物事がすべてのものについての重要なメタファーになっていきます。沈黙こそが、すべてを包含し、二元論的な判断や分離の言葉にふたたびすべり落ちてしまうのを妨げるだけの、広さを持った言語なのです。

ジェラルド・マンリー・ホプキンスやメアリー・オリヴァー、デイヴィッド・ホワイト、デニス・レヴァトフ、ネオミ・シーハブ・ナイ、ライナー・マリア・リルケ、そしてT・S・エリオットのような詩人は、あなたがこれまでに詩を読んだことがないとしても、いまはあなたがたの内なる体験を表現してくれています。ルーミー、ハーフィズ、カビール、十字架の聖ヨハネ、リジューの聖テレーズ、バール・シェム・トヴ、ノーウィッチのレディ・ジュリアン、そしてラビアのような神秘家たちの言葉は、あなた固有の伝統に根ざした人々のそれよりも訴えかけるかもしれません——これまで彼らを知らず、あるいは心に留めず、また何を言っているのかわからなかったにもせよ。イエスと同じように、あなたも「人の子には枕する場所がない」かのごとく感じることになるでしょうが、いっぽう新たな枕となる見出しや言葉があなたの胸に響くようになってくるのです。これは政治的にも正しいことと言えます。実際あなたの政治学が、より共感的、包容的にならなければ、あなたは後半生の旅に出ているとは言えません。

最初はちょっと怖ろしいことに感じるかもしれませんが、問題はもはや「この人は、わたしの集団、わたしの国、わたしの政党、わたしと同じ社会階層なのか?」ではなく、「この人は何かを乗りこえて〈大いなる絵〉へと至りついたのか」になります。この新しい「名前のない集団」のメンバーはお互いすぐに話が通じあうようです。いわゆる「新たなキリスト教精神」とか「新たな教会」と呼ばれるものは、あなたが加入したり、設立したり、発明したりするものではありません。ただそう名づければ、いたるところにそれを——しかもまさにぴったりの場所に——見出すことができます。そうした名のない集団、より深い真実において集まった「二人または三人」は、新たな絆、対話、そして友情のレベルに達しています。たとえその人たちが昔ながらの友人との付き合いを——何か深刻なこと、政治的なこと、宗教的なことを話題にしないかぎり——いまだに楽しんでいられるとしても。

こうした二重帰属は、この段階の人たちの特徴です。ひとつの集団ですべての要求、願望、世界観を満たすことはできません。もし、あなたが本書をきっかけにこのことをずっと心に留めるとしたら、あなたは「二重」あるいは「三重かそれ以上」の「帰属者」です。植民地の人々、抑圧された人々、あらゆる少数者は、生き延びるためにさまざまなレベルに属して、何とかやってゆくことを学ばねばなりません。それよりは楽な位置にいるわたしたちにとっても、心を広げることにはやはりいくらかの努力が必要ですが、結局は誰もがそれと気づかぬままに、みずからの拡張という適応を心がけているのです。

どちらも、という思考

もちろんこのことが示すのは、多くの宗教者が「ノンデュアリスティック」〔非二元論的〕な思考、あるいは「〈どちらも〉思考」と呼んできたものに対する、新たな受容能力を発見することです〔4〕。より穏やかで観想的なものの見方はいきなり身につくというわけではありませんが、長年の葛藤、混乱、癒し、拡大、愛、そして赦すという現実を経てくると、知らず知らずのうちに培われてきます。それは「否定してきたものと合体」すること、これまで排除してきたものから学ぶこと、あるいはイエスが言われたように、内側および外側の「敵を赦す」ことから徐々に育まれてゆきます。

あなたはもはや毎瞬の体験を、上と下、完全な正解と完全な誤り、わたしの見方、わたしの敵、というふうに細かく切り分けたりする必要がありません。それはただ、そこにあるままなのです。この穏やかさがあれば、より大いなる明晰さと鋭敏さをもって当たらねばならない物事に、しっかり向き合うことができます。このスタンスはまったく受動的なものではありません。これは実際には、まことの観想性と熟練の行動の根本的な結合なのです。大きな違いは、あなたの卑小な自己がわきにおいておかれ、神があなたを用いようとなさるとき（神はつねにそうなさるのですが）、神のやり方のほうがはるかにうまくゆくということです！

二元論的思考は、ほとんどのものを比較によって知るという、わたしたちの身についた理解のパターンです。いったん物事を比較したりレッテルを貼ったり（つまりジャッジするということです）すれば、つねに至りつく結論とは、あるものが良く、あるものはそれに劣るか、あるいは悪いということです。ここで揚げ足を取らないでください。ただ自分の思考と反応に気づいてください。そうすれば、自分がほとんど自動的に、上か下か、内側か外側か、自分の味方か敵か、正しいか間違っているか、黒か白か、同性愛か異性愛か、良いか悪いかというパターンに入りこんでいるのがわかります。それこそ人種差別、性差別、階級差別、同性愛恐怖、宗教的帝国主義、そしてありとあらゆる偏見という「腐った思考」がなぜ——善人のあいだでさえ——克服しがたく、長続きしているのかがわかります。

ここで器用に言葉遊びを並べるのは避けたいのですが（覚えやすいことは確かですが）、二極的なマインドにとって普通の思考連鎖とは次のようなものです。「比較

〔comparison〕、競走〔compete〕、葛藤〔conflict〕、陰謀〔conspire〕、非難〔condemn〕、明らかな反対証拠〔contrary〕の無視〔cancel〕、その結果の無形の処罰」といったところです。これを惑わしの七つのCと呼ぶことができます。そしてほとんどの暴力が生じる原因は、「民主主義のために安全な世界を作る」「魂を救って天国に行けるようにするため」に、暴力を神聖化するからです。

ノンデュアリスティックな考え、あるいは観想的な考えは、前半生では、てっとりばやくエゴの境界を築いて、明確な目的を設定し、そうして小ぎれいな「暫定的なパーソナリティ」を作りあげるためには、後回しにされるか、完全に否定されます。デュアリスティック〔二元論的〕な思考は、出発点に立たせてはくれますが、自分をよく見つめてみれば、実人生のほとんどの状況では役に立たないのです。ティーンエイジャーにとって、何らかの倫理や「超自然的な優越性」がひいきの野球チーム、軍隊、民俗的集団、そして自分の宗教にさえあるのだ、と本気で考えるのはけっこうなことです。けれどもそうした偏った思考は、後半生から見れば、みなで同意しているゲームに過ぎない、ということも徐々にわかってほしいと思います。あなたの抱くフレーム〔枠組み〕は、ひとりの神がすべてを創り、すべてを愛している——ドジャースもヤンキーズも、黒人も白人も、パレスチナ人もユダヤ人も――という〈大いなる絵〉へと拡大してゆくべきです。

問題は多くの人がそこにたどりつけないということです。わたしたちはしばしば自分のフレーム、ゲーム、乗っている筏に固執し、それしかないと思うので、それが客観的真理の代用品になってしまいます。そうした罠の内側では、ほとんどの人々は物事をありのままには見ず、自分たちの見たいように見るのです。わたしの経験では、それが世界の大勢を占めています。人々が内なるワーク、少なくともシャドウのワークに取り組んで、叡智あるいはノンデュアリスティックな思考に入ってゆかないかぎり。何世紀にもわたる精密な観照と徹底した自己観察を通じて、仏教はおそらく他の世界宗教よりも、人々に自らの内側を見ることを教えてきました。イエスには、それがわかっていましたが、わたしたちはイエスをあまりよくわかっていません。

前半生においては、ネガティブなもの、神秘的なもの、恐ろしいもの、問題であるようなものは、つねにどこか外側へ押し出されました。そうすることで、しばらくはうまく機能するはずの、手軽で手堅いエゴの構造が作り上げられます。けれどもそうした分離は真理についての客観的な説明ではありません。それはあなたのプライベートな目的に役立つだけです。一方向へのこうした過度な注力を抑えて、バランスを取らねばなりません。この統合あるいは「すべてを赦すこと」（とわたしは呼びたいのですが）が、まさに成長、成熟、聖性のまことの名前なのです。

後半生では、創られた理想のエゴのためにあなたが避けてきたものすべてが、まことの友、教師として戻ってきます。行動する人が思索する人に、感じる人が行動する人に、そして思索する人が感じる人に、外向的な人が内向的な人に、夢見る人が実際的な人になり、そして実際的な人がヴィジョンを求めるようになります。わたしたちはみな、これまでの四十年間に避けてきた場所へ向かってゆくようになり、友人たちはそれに驚きます。イエスがなぜつねにアウトサイダー、異邦人、罪人、傷ついた者を迎え入れられたのかが、わかりはじめます。イエスは後半生の人間で、おおむね前半生の状態にある歴史、教会、文化に対して教え諭し、理解してもらうという、あまり羨ましくない課題を持っておられました。

危険かつ包容的なイエスの思考に耳を傾けてみてください。「父は、悪人にも善人にも、太陽をのぼらせ、正しい者にも正しくない者にも雨を降らせてくださるからである」（「マタイによる福音書」5章45節）。「毒麦を集めるとき、麦まで一緒に抜くかもしれない。刈り入れまで両方とも育つままにしておきなさい」(「マタイによる福音書」13章29－30節)。わたしがもし倫理神学の授業でこんなあいまいなレポートを出したら、絶対に落第点を取っています。

わたしが思うに、イエスは西欧社会で初めてのノンデュアリスティックな宗教の思想家(ヘラクレイトスのような哲学者はいましたが)ですが、その教えはすぐにギリシアの二元論的なロジックのフィルターを通されてしまいました。ノンデュアリスティックな叡智は、あなたが強固な集団を創ったり、原理を明確にしたり、自分の理念が他のものより優れていると証明したい場合にはあまり役に立ちません。この段階では、まことの叡智は偽善的で危険な詩にしか見えません。必要でもあるこの初期段階では、こうした警告はおそらく正しいのです。けれども聖職者やスピリチュアルな教師がなぜ後半生の人間であるべきなのか、あるいはなぜ、多くの人が発達の初期段階では、イエスの教えの輝きを濁し、いじりまわし、小さく削ってしまうのか。それらはそうした理由からです。

だから、まず自分を明快にすれば、微妙な弁別ができるようになります。二元論的思考は、おおむね正しい方向(「ルカによる福音書」の16章にあるように「あなたは神と富の両方に仕えることはできない」)を指し示してくれますが、いったん正しい場所にたどりついたあとでは、ノンデュアリスティックな叡智、あるいは観照と呼ばれるものが必要になります。「神に仕えることを選んだいま、それはいったいどんな意味なのか」。ノンデュアリスティックな思考は、まずはあなたが二元論的明快さを身につけ、その後、それが愛、苦しみ、死、神、そして無限のような概念には不十分であることに気づいていることを前提とします。てっとり早く言えば、両方が必要なのです。

人生の真実がそれ自体の力であなたに語りかけないかぎり、また自分の二元論的なマインドに気づいてそれを克服する具体的な訓練を積まないかぎり、あなたは永久に前半生の段階にとどまります。人類のほとんどがいまだにそうなのです。前半生においては、あなたは不完全なものを赦すこと、人生の悲劇的感情を受け入れることはできませんが、それは最終的にどんなものもどんな相手も深く愛することができない、ということを意味します。ほとんどの人が単に二元論的な「あれか、これか」の思考に陥っているかぎり、歴史は何も変わってゆかないでしょう。そうした分離と否定は、わたしたちを単なる情報、データ、事実のレベルにとどめ、はてしない議論を続けさせます。「わたしの事実はあなたの事実に勝っている」と叫ぶ声はどんどん大きくなり、エゴがますますそれに絡みつきます。

叡智は単なる知識とは別物（「イザヤ書」11章2節）（「コリントの信徒への手紙　一」12章8－9節）ですし、スコラ哲学も、分析的知性と、直感的というか生まれながらに備わった知性（類は友を以て集まる、のような）とは、意識の二つのまったく別なレベルである、としています。わたしたちは、これらの意見がどれほど正しいか、ようやく、自ら進んで同意できるような時代に生きています。

いまや現代科学の多くが、見るものと見られるもの、あるいは見えうるものの間の真実の関係を認識しています。叡智を見ることは、つねに、まず見る人を変え、そののち、何が見えたかはそれ自体ではさほど重要ではないとわかります。それほど単純であり、そしてつねに難しい真理なのです。

全体性を持った人はどこへ行こうと、そこに全体性を見出し、創造します。分離をかかえた人はすべてのもの、すべての人の中に、分離を見、創造します。後半生によって、わたしたちは全体性の中で物事を見、もはや部分を見なくなります。けれども全体性に達するのは、混乱する各部分に落ち込むことによってなのです。実際、何度もそれを繰り返すことで、わたしたちは、全体性と、自分自身を含む万物の豊かさに憧れ、求めます。わたしは保証します。この統一場こそ、ただひとつの、そしていつまでも変わらない、「上昇」の意味なのです。

Chapter 13

上方への落下

Falling Upward

潮の満ち引きのように力強い
重力の法則がごく小さなものをさえ捕らえ
世界の心臓部へと引き寄せるその確かさよ……
これこそ物事がわれらに教えてくれること
落ちよ
忍耐強くわれらの重さを信頼せよ

「時禱詩集」ライナー・マリア・リルケ

ほとんどの者は後半生とは、老いること、健康問題にわずらわされること、肉体的活動を手放すことだと漠然と考えていますが、本書の趣意はまったく逆です。落下と見えるものは、上方への落下、前方への落下によって、より広く深い世界に入ってゆくこととして体験され、そこでは魂は完全に花開き、最終的に全体とつながり、〈大いなる絵〉の中で生きるようになるのです。

それは喪失ではなく獲得、失うことではなく手に入れることです。それが真実であると知るためには、少なくともひとりのまことの年長者に出会わねばなりません。わたしは人生においてたくさんの輝いている人たちに出会って、それがまったく普通のことであるのを知りました。彼らは、しばしば不可能と思える経緯をへて、個人的な直接の苦しみ、または他者の苦しみを間接的に体験し、人間としての完全性に達しています。イエスはそうした人を「その人の内から生ける水が川となって流れ出るようになる」（「ヨハネによる福音書」7章38節）と描写しています。彼らは、今日わたしたちが感心してやまない有名人や政治家よりもはるかに、人類のモデルであり、ゴールなのです。

わたしは最近、盲目で耳が聞こえない女性ヘレン・ケラーの人生についてのドキュメント番組を見ました。彼女は時間的には前半生にあたる時期に、いっきょに後半生へと飛び込みました。厳しい肉体的制約にもかかわらず、みずからの深さを発見したのです。彼女は驚くべき幸福と、他者をはぐくみ育てることの中で生涯を送りました。人生とは他者へ手をさしのべることであり、みずからの不自由な身体を守ったり嘆いたりすることではない、と確信したのです。

これが、変容した人と、していない人の大きな違いのように思われます。優れた人は人に助けられるためではなく、助けるためにやってきます。それが〈アルコホーリクス・アノニマス〉が唱える「輝く十二段階」の最後の十二段階目です。あなたが自分の人生を、他者に完全に与えると決めないかぎり、自分の人生を深いレベルで所有することもできないのです。良い親というものはつねに、この態度を身につけるようになります。わたしの知る、幸せで寛大で、軸の定まった人たちの多くは若い母親です。これも、この完全なパラドックスの一つの例です。わたしたちは、相手の反応、愛、そして不幸な他人のチャレンジに手を貸すことで、「人生」における鏡となってゆきます。サリヴァン先生は、どうすれば、自らが大いなる愛を発揮することで、ヘレン・ケラーの美しい鏡となれるかを知っていました。わたしたちは成長するためには、少なくともそうした鏡が一枚必要です。

鏡の効果

四十代後半のとき、わたしは気づいたのです。多くの人が、わたしの実像ではないものを見てわたしを愛し、尊敬してくれていること、そして同じように多くの人が怒ったり、拒否したりしていることにも。逆に、わたしの実像を欠点もひっくるめて愛してくれる人もいましたし、それこそがわたしを救ってくれる唯一の愛でした。また多くの人がわたしの実像を正当に批判し、わたしに自分のシャドウを示してくれましたが、それはつねに辛いものとはいえ、しばしばひじょうに役立ちました。けれどもすべての場合において明らかになったのは、人々の反応は、実は彼ら自身の反映・投影であり、わたしについての論評という以上に、彼ら自身の長所短所を鏡のように映しだしていたということです。

美しさも醜さも、何よりもまず見る人の目の中にあります。良い人は、わたしたちの中に長所を見てとってくれるので、だから、その人たちのことを大好きになれます。あまり成熟していない人は、自分の生きてこなかった部分、混乱した人生の部分を、わたしたちに投影するので、わたしたちは混乱と困惑に陥り、だからそういう人をあまり好きにはなれません。

いずれにせよ、「良い点も悪い点もひっくるめて真実のあなた」に反応してくれる人だけが、長い目で見ればあなたの助けになります。中年期の仕事の多くは、自分の問題をあなたに投影している人と、ほんとうのあなたとかかわってくれている人との違いを見分けることです。年長であり、「神父」の称号を持っている人間としてのわたしに対し、人々は良きにつけ悪しきにつけ、よく「父親」を投影します。それは両刃の剣です。なぜなら、おかげでわたしは彼らを癒すこともひじょうにたやすいと同時に、傷つけることもたやすいからです。けれどある種の現実的な意味で、彼らはわたしを見ているのではなく、自分たちの鏡、反映、投影像としてのわたしを見ているのです。

後半生では、あなたはほんとうの自分と、人があれこれ投影する鏡像としての自分を見分けるようになっていきます。そうなれば、侮辱も賞賛もさほど深刻に受けとめることがなくなります。この種の穏やかな弁別と執着からの脱出は、早ければ五十代半ばで可能になります。わたしたちはほんとうに、自分の視界をきれいにし、周りの「鏡の間」〔遊園地のアトラクション〕の回転をその場で停止してくれるような、この世のまことの年長者を求めています。

わたしたちはみな、必要なものを得、欲しいものを手に入れ、貰うべきでないものは相手から受け取らないようにします。表面的な価値を見て、性急に反応しないでください。唯一決定的で有意義な問いとは、「これは真実か」というものです。「だれがそう言ったのか」「いつ、どこで、だれが言ったのか」「聖書や教皇や大統領がそう言ったのか」「わたしにとって快いか」ではありません。唯一、有意義で、役に立ち、謙虚な問いとは、「これは客観的に真実なのか」です。

後半生においてあなたがたは、この回転しながら自分を映す鏡の間からそろそろと外へ踏み出すのです。あなたが「ひとつの真実の鏡」、すなわち、あなたの足を地に着けさせてくれるひとりの愛情深い正直な友達――つまり完全に受け入れてくれるまなざしを持つ友達――を持てば、それはうまく行きます。何よりも自分の内なる、もっとも深い、そして、自分の神聖なイメージを明らかにしてくれる真実の鏡を一枚持つべきです。親密に打ちとけ合う数々の瞬間が、しばしばお互いの美しい受容性の瞬間の反映である理由、そうした親密さが深い癒しとなる理由はそれです。自分が自分を正しく映す鏡になれると考えることは前半生の幻想です。だからこそ成熟した霊性というものは、個人にとってはソウルフレンドやグル、懺悔の相手、メンター、師匠、スピリチュアルな指導者が必要であり、また集団や組織にとっては預言者や真実を語る人が必要だと知っているのです。

フランチェスコ修道会のシスターである、アッシジの聖クレア（1194－1253）は、鏡こそ、スピリチュアルな生において、もっとも頻繁な助けになるイメージだとしていたようです。彼女は同朋のシスターたちに、「鏡の前にお立ちなさい」「光にあなたを映させなさい」「毎日［完全な愛の］鏡を見つめなさい」とさまざまな言い方で勧めています。彼女はスピリチュアルな才能〔gift ＝贈り物〕とは、反映された才能〔gift ＝贈り物〕だと、はっきり理解していました。彼女はハインツ・コフートの「自己心理学」と、現代の「ミラーニューロン理論」を八世紀も前に先取りしていました。神秘家はしばしば直感を働かせ、科学者が後に証明することを、前もって生きています。

わたしたちはお互いの目を通して自分自身を見出しますが、それが真実に行われるときにだけ、自由と真実と共感を持って、他人を鏡として映しだし、見習うことができます。イエス自身、聖クレアに先んじて、十二世紀も前に「目は体の灯である。目が澄んでいれば、あなたの全身が明るい」（「マタイによる福音書」6章22節）と述べておられます。これは物事をどう見るかを学ぶということをさし、物事をきちんと真実に見ることを学ぶには、人生の大部分を必要とします。

後半生において、あなたは他人に踊らされなくなると同時に、他人はあなたを操ったり傷つけたりする力を失っていきます。それが後半生の自由です。青春時代の高揚感や、大人になってからの成熟した率直さ、その両方の鏡に目をくらまされて、その当時わたしが見るべきだったもの、見えるはずのものが見えなかったのですが、この二つの段階があってこそ、共感に満ちた完全に〈神聖な鏡〉が生まれ、それが常に、いつ、そしてどのように、自分が楽しみ、物事を扱うかを教えてくれました。何度も人間関係、職業、感情問題、そして肉体の問題でつまずき倒れたことはありますが、そこにはつねに、トランポリンのような反動の効果があって、最終的には上への落下をうながすのです。どんな落下も最終決定的なものではなく、それは反動として跳躍をもたらしてくれるのです！

神は、わたしたちが誰でも落下〔転落〕することをご存じです。わたしたちをあたかも「大惨事に突き落とす」かのように見える出来事は、神にとっては日常茶飯事――少なくとも一日に六十億回は起きていることです。良きスピリチュアルの指導者がそうであるように、神もわたしたちの一つ一つの失敗のあとでこう言われます。「ここに大きな機会がありますよ。これをどう使えるか考えてみましょう」。エゴを肥大させるような成功のあとで、神はきっとこう仰せになります。「何も目新しい、良きことが起きているのではありません」。失敗と苦しみは、人類における偉大なイコライザーであり、平準化をもたらすものです。成功は、そうした効果をもたらしません。人間どうしの心の交わりや関わりは、自分がどれだけすばらしくて優れているかという事実よりも、むしろ苦しみのまわりに多く築かれていきます。互いへの傾倒、そして世間や、「脳天気で楽天的な宗教」の真理に対する傾倒を、悲しい死に直面したときの家族の結束や、ホスピスで働く人と患者の間の心の交わりに比べてみてください。本物の人間の痛みの中には、作られた喜び、かつ速やかに過ぎ去る喜び以上の多くのすばらしい心の交わりがあります。ある意味では、痛みの効果はつかのまに過ぎ去るものではなく、痛みは軽々しい思いで作り出せるものでもありません。ですから、痛みは幸福以上に、いつまでも続く心の交わりへの正直な扉なのです。

福音書のすばらしいところは、解決の中に問題を包みこんでしまったことです。落下は直立につながります。つまずきは発見につながります。死に瀕することは立ち上がることになります。筏は岸になります。小さな自己には、このことはすぐには理解できません。なぜなら、その自己は自分自身を疑いすぎ、脆《もろ》すぎ、そのことの悲劇にすべて呑み込まれてしまうからです。小さな自己が生きながらえていては、大きなパターンを見ることはできません。多くの若者が自殺に走るのも不思議ではありません。だからこそ年長者、人生の真実の根本的な鏡となって、それを若者に見せてやる人間が必要なのです。親密な〈我と汝〉関係〔マルティン・ブーバー〕は最大の鏡なので、それをあえて避けることはありませんが、若者にとっては、その鏡はまだ深いところに根付くことはないので、いつも存在が脆いのです。

多くの人は、そうした落下・転落の際に、ときおり〈偉大な聖なるまなざし〉、すなわち、究極の〈我と汝〉関係を発見しますが、それはつねに共感に満ちて受容的です。そうでなければ、それは「聖なる」ものではありません。まことの鏡がすべてそうであるように、神のまなざしはわたしたちのありのままの姿を、判定も曲解もせずに、また足し算も引き算もせずに受けとめます。そうした完璧な受容こそが、わたしたちを変容させます。自分の真実の姿を完全に受容されることこそ、わたしたちが生涯を通じて待ち望み、求めているものです。わたしたちにできるのは、毎日、神の愛のまなざしを受け入れ、それを送り返すことだけで、その後にわたしたちは内側から自由になり、深い幸福感に包まれるでしょう。すべてを知る〈ザ・ワン――一なるもの〉はすべてを包みこみ、受容し、赦すことを楽々とやってのけます。そんなふうなまなざしで見られたわたしたちは、その受容のまなざしを、必要なすべての人にさしだすことができます。もはや「あの人はこれに値するか」などという問いはありえません。わたしたちが受け取ったものは、完全に、それを補ってあまりあるものです。

ただ次のことを覚えておいてください。あなたを後半生に進ませないようにするものは、あなた自身しかいません。あなたの勇気、忍耐、想像力の不足だけが、第二の旅を妨げるのです。あなたの第二の旅を歩いてゆくか、避けるかは、あなたしだいです。第一の旅で剥がれ落ち、失われたものはこのために必要だったのだと、わたしは確信しています。ですから、子育ての失敗や、失職や、挫折した人間関係や、肉体的なハンディや、ジェンダー・アイデンティティや、経済的不遇や、悲しむべき虐待の体験などに、もはや時間を費やさないでください。痛みも計画の一部です。もしあなたが人生の後半生に足を踏み出せないとしたら、それはあなたが望んでいないからです。神はつねに、わたしたちが真実に望んでいるもの、そのものずばりを与えられるでしょう。ですから望むのです。深く望み、自分自身を望み、神を望み、良きもの、真実なるもの、美しいものを望んでください。

空《から》になるということは、そこに大いなるものが注ぎこまれるために過ぎません。神は自然と同じく、あらゆる真空を嫌い、すぐにそこを充たそうとされるのですから。

Coda

トマス・マートンの詩による観想

A Meditation On A Poem By Thomas Merton

シトー派の修道僧であるトマス・マートンは、残念ながら一九六八年に亡くなりましたが、著書『ヨナのしるし』を一九五八年の発刊直後に、神学校の図書室で初めて読んだとき以来、彼はわたしの最高の師匠であり、インスピレーションの源です。わたしは一九八五年のイースターの時期に、親切な僧院長の招待で、ケンタッキー州にある彼の修道院ゲッセマネで、初めての観想生活を過ごしました。マートンには一度だけ会ったことがあります。わたしがシンシナティの高校を卒業し、一九六一年の六月初旬に両親とともに修道院を訪れた際、彼はわたしの前を歩いていました。そのときには、彼がほどなく亡くなることも、また世界中の人に、そしてわたしにこれほど大きな影響を与えることも、まったく予想していませんでした。

トマス・マートンはおそらく、二十世紀のアメリカのカトリック教会において、ドロシー・デイと並んでもっとも重要な人物です。彼の生涯は、わたしたちみなと同じように比喩とパラドックスそのものですが、彼には、この神との内なる生活を書きあらわして、わたしたちに示してくれるという強靭な才能がありました。ベストセラー『七つの山』は前半生についての記述で、一九四八年以来版を切らしたことがありません。それは情熱、詩、発見、そして新たに見出された高揚感に満ちた輝かしい書物でしたが、まだ二元論的思考にとどまっていました。続く詩「静謐な弟子の魂の中には」はその十年後の作品ですが、後半生に足を踏み入れた時期の人間にあらわれるあらゆる徴候を示しています。当時彼はまだ四十代半ばでした。わたしはあなたがたとの旅の締めくくりとして、この詩をお薦めしたいのです。ここにあらわされている自由は、さらなる旅があなたを連れてゆく先を、はっきりと見せてくれます。わたしはそう願っています

静謐な弟子の魂の中には

平安なる弟子の魂の中には
もはやまねぶべき師父もなく
貧困は成功であり
屋根がなくなったなどささいなこと
家さえ持っていないのだから

星々も友達と同じように

この気高い廃墟に怒りを発する
聖者はさまざまな方角に去ってゆく

静かに。
もはや説明の必要はない。
幸運の風が
彼の頭を包む後光と心の気遣いを吹き飛ばす
幸運な海が彼の名声を溺れさせる

そこできみは
格言も覚え書きも見出すことはない
道はなく
敬うべきメソッドもない
貧困は達成の結果ではなく
神がその空白の中に苦悩として住まわれる

いかなる選択が残っていよう
普通であることは選択ではない
それはヴィジョンを持たぬ人間の
つねに変わらぬ自由である。〔1〕

この詩は一九八五年に彼の隠遁所で初めて読んだとき以来、わたしの心に深く残ったもので、わたしは、この旅がどこへ続くのかを幾度も確認しなおせるように、シンプルな観想の言葉としてお勧めします。

静謐な弟子の魂の中には

魂のレベルにおいて、平安な時間には

もはやまねぶべき師父もなく
　あなたが「権威」、集合意識、模倣を超えてゆくときには自分の〈まことの自己〉にならねばならない。

貧困は成功であり
屋根がなくなったなどささいなこと
家さえ持っていないのだから

　これまで自分だと思っていたもの、こうあらねばならぬと思っていたものの最低線に下りてゆくとき、あなたが恥ずかしいと思うシャドウとのワークが続くとき、そしてあなたの築いた安全や保護の境界がしだいに意味を失ってゆき、「救済計画」に見捨てられたときには

星々も友達と同じように

この気高い廃墟に怒りを発する
聖者はさまざまな方角に去ってゆく

あなたのことを理解せず、批判し、あるいはあなたの誤った行為を喜ぶような、良き人々や、家族、友人によってもたらされる痛みやとてつもない自己懐疑に向き合うとき

静かに。
もはや説明の必要はない。

静かな孤独と観想の内なる生活こそ、いまやあなたの立つべき大地と目的を見出させてくれる。どこかに支えを求めにゆくのはやめなさい。

幸運の風が
彼の頭を包む後光と心の気遣いを吹き飛ばす

幸運な海が彼の名声を弱れさせる

必要なつまずきの石が、前半生でつかんだものから手を放させ、優れているという自己イメージの残滓《ざんし》を取り去る（マートンはこの、クロスオーバーの越境点を「幸運」と呼び、それを魂が成熟するために必要な良き苦しみの一部とみなしています）。

そこできみは
格言も覚え書きも見出すことはない
道はなく
敬うべきメソッドもない

心の中で説明や慰めを求めてあちこちを見回すのをやめなさい。あなたがこれまで修行してきた特別な秘法、みなに勧めたいと思う秘法の後ろに身を隠すのをやめなさい（伝道者タイプのわたしたちは、いつもそうしたいと思うのですが）。いまや確かな頼れるものはほとんどなく、ただ裸の真実があるばかりです。

貧困は達成の結果ではなく
神がその空白の中に苦悩として住まわれる

努力や洞察によってたどりつくことができたものはありません。あなたはそこに連れてゆかれたのであり、あなたの「そこ」はまさに無です（つまり「すべて」であるのですが、あなたが「すべて」として予想するようなものではありません！）。この種の神は失望に近いものです。特にこれまで何らかの方法で神を「利用」してきた人々にとっては。もはや何か求めるべきものはありません。神はいかなる種類の所有物でもなく、あなたのエゴやあなたの倫理、あなたの優越性、あるいはデータのコントロールのためのものではないのです。これは十字架のヨハネや神秘家たちが「ナダ」と呼んだものであり、十字架上のイエスそのものです。けれどもそれは平和な無であり、「苦悩」であるにせよ、輝ける闇なのです。

いかなる選択が残っていよう

普通であることは選択ではない
それはヴィジョンを持たぬ人間の
つねに変わらぬ自由である。

スピリチュアルな人生の後半生においては、あなたは指示を与えられることもなければ、教えられ、導かれることもなく、みずから選択するのでもなく、「選択なき選択」にいたります。あなたはいまの自分はこうだから、これこれはできないと言うことはできず、自分の仕事ではないからといってしなくてもよいということもなく、ただ自分の運命でありもっとも深い望みであるという理由で、絶対にしなくてはならないことを選ぶのです。あなたを駆り立てる動機はもはやお金でも、成功でも、他人の賞賛でもありません。あなたは自らの聖なるダンスを見出したのです。

いまやあなたの唯一の優越性とは、完全に普通であり、それでいて、前半生の強硬な世論や必要性、好み、要求を超えて、「選択なき選択」にいたったことです。あなたはもう独自の「ヴィジョン」を必要とせず、あなたに対する神のヴィジョンの中に幸福に参加しているのです。

そうすれば、人生の初期に抱いたすばらしい夢も、夢見たあなたも「ほかの何者か」のわたしたちに対する夢の中に溶け込んでゆきます。わたしたちは運転席を去って、幸せな通行人となります。それでいてなお、「運転手」に有益な助言をすることができます。わたしたちはこの時点から、みずからの独自の魂の中に住む、これまでになく「静謐な弟子」となり、それでいて神のマインドとハートの中に住んでおり、大いなる普遍のダンスの一角を占めるものとなります。

アーメン。ハレルヤ！

くの訳があるものの、もっとも新しい邦訳は『告白録』宮谷宣史訳　教文館 2012）

2 Merton,Thomas,New Seeds of Contemplation (New York: New Directions,1961),297

11章　影の国

1 Men as Learners and Elders,or M.A.L.Es は、わたしたちの行う男性のスピリチュアリティのためのプログラムで、男性の通過儀礼および、男性の成熟のプログラムを世界的に提供しています。

12章　新たな問題と新たな方向

1 「行動と観想のためのセンター」は、内なる豊かさを求める社会変革に携わる人々を援助するため、1987年ニューメキシコ州のアルバカーキに設立されました。わたしたちはこの長いタイトルの中でもっとも重要な言葉は「と」である、と言い続けてきました。以下のサイトを参照のこと。https://cac.org

2 McLaren, Brian, Phyllis Tickle, Shane Claiborne, Alexie Torres Fleming, and Richard Rohr, “Emerging Christianity” (2010) and “Emerging Church” (2009).　以上は会議の模様を採録しています。https://cac.org から入手可能。

3 Sardello, Robert, Silence: The Mystery of Wholeness (Berkeley, Calif.: Goldenstone Press, 2008); Picard, Max, The World of Silence (Washington, D.C.: Regnery Gateway, 1988).

4 Rohr, Richard, The Naked Now: Learning to See as the Mystics See (New York:Crossroad,2009).

終章　トマス・マートンの詩による観想

1 Merton,Thomas, Collected Poems(New York: New Directions,1977),279f.

2 Christiansen, Michael, and Jeffery Wittung, Partakers of the Divine Nature (Madison, N.J.: Fairleigh Dickinson University, 2007). 人間の性格の神聖化、すなわち「聖化」のプロセスは、わたしにとってはキリスト教のメッセージの意味の中核にあると感じられるものですが、西欧の教会（ローマン・カトリック）はこれを恐れ、発展させてきませんでした。

8章　記憶喪失と〈大いなる絵〉

1 Clement, Olivier, The Roots of Christian Mysticism: Texts from the Patristic Era with Commentary (London: New City, 2002). この深遠な名著は何度か読み返す価値があり、西欧の教会がいかに東方教会の師父や初期の教会史を研究してこなかったかを明らかにしてくれます。

2 Wordsworth, William, "Intimations of Immortality from Recollections of Early Childhood," Immortal Poems of the English Language (New York: Washington Square), 260f.

3 General audience, Pope John Paul II, June 28, 1999.

4 Gulley, Philip, and James Mulholland, If Grace Is True (New York: HarperCollins, 2004).

9章　第二のシンプルさ

1 Pearce, Joseph Chilton, The Biology of Transcendence (Rochester, Vt.: Park Street Press, 2002); Newberg, Andrew, Why God Won't Go Away (New York: Ballantine Books, 2002).

2 Butcher, Carmen Adevedo, The Cloud of Unknowing (Boston: Shambhala, 2009). この古典的名著の新訳は、現代の原理主義と無神論、両方に欠けていたミッシングリンクとして有意義です。

3 Eliot, T. S., "The Dry Salvages," Four Quartets (New York: Harcourt, Brace & World, 1971), 39.

4 Rohr, Richard, Everything Belongs: The Gift of Contemplative Prayer (New York: Crossroad), 1999.

10章　まばゆい悲しみ

1 アウグスティヌス『懺悔録』10巻27章。（※編注：ほぼ著者の翻訳によるもの。多

うと考えてきたのですが、結局、それはスピリチュアルな指導を受ける人の「霊の見わけかた」の助けになるものだと確信するにいたりました。人の「罪」と才能はコインの裏表で、一方を無視して一方だけと完全に向き合うということはできません。このツールは多くの人の人生を変えました。

3 Brueggemann, Walter, Theology of the Old Testament (Minneapolis, Minn.: Fortress Press, 1999), 61f.　著者ブリュッゲマンおよびライナー・アルベルツ教授によれば「イスラエルの宗教、従ってそのテクストはつねに複数存在し続けた」とのこと。

5章　つまずきの石につまずくこと

1 Rohr, Richard, Things Hidden: Scripture as Spirituality (Cincinnati, Ohio: St. Anthony Messenger Press), 195f.　フランチェスコ会にとって、イエスは人類に関する神の意見（マインド）を変えるのではなく、神に関する人類の意見を変えるために来られたのです。わたしたち（フランチェスコ会）の神のイメージは、十字架上で神の永遠の愛を明らかにされた〈宇宙的キリスト〉であり、神はわたしたちを愛するためにいかなる「支払い」もなさる必要がなかった、というものです。

2 Moore, Robert, Facing the Dragon (Wilmette, Ill.: Chiron, 2003), 68f.

6章　必要な苦しみ

1 Hopkins, Gerard Manley, "That Nature Is a Heraclitean Fire and the Comfort of the Resurrection," Poems and Prose (New York: Penguin, 1984), 65f.

2 Merton, Thomas, New Seeds of Contemplation (New York: New Directions, 1962), passim.　マートンの〈まことの自己〉と〈偽の自己〉についての説明は、現代のスピリチュアリティの基本的な概念の一つとなりました。そして、イエスの言われる「死ぬ」べき自己とされているものとは何か、また永遠に生きる自己とは何かを、多くの人に明らかにしてくれたのです。

7章　故郷と郷愁

1 Jung, Carl G., The Collected Works of C. G. Jung, vol. 1, Psychiatric Studies (Princeton, N.J.: Princeton University Press, 1980), 483.『ユング著作集』全五巻　高橋義孝訳　日本教文社　1955

した。「トランスパルティザン（パルチザン的抵抗活動を超克する）」的思考はしばしばより高次の意識レベルについて記述しますが、進歩的な人々の多くはいまだに、「バイパルティザン（パルチザンどうしの膠着状態）」のレベルまでしか人は達し得ないと考えています。わたしが「ノンデュアリスティック」「観想」という言葉であらわしているのは、「トランスパルティザン」とほぼ同じものです。

4 Rohr, Richard, From Wild Man to Wise Man (Cincinnati, Ohio: St. Anthony Messenger Press, 2005), 73f.

5 Plotkin, Bill, Nature and the Human Soul (Novato, Calif.: New World Library, 2008), 49f.　ビル・プロトキンは「発達の輪の八段階理論」において、初期の段階の多くはエゴに駆り立てられているが、それはしかたのないことである、としています。ある意味、より深い自己との「魂の遭遇」にいたるまでは、魂の導きにのっとり、より深いアイデンティティから生きることはできません。これは、わたしたちの団体がイニシエーションとして行っている（M.A.L.Es）もの、そして本書でのわたしの理論をみごとに分析する理論です。

6 Plotkin, Bill, Soulcraft (Novato, Calif.: New World Library, 2003), 91f.

7 Turner, Victor, The Ritual Process (Ithaca, N.Y.: Cornell University, 1977), 94f.　ヴィクター・W・ターナー『儀礼の過程』高倉光夫訳　思索社　1976　この本は、わたしにリミナリティ（二つの位相の間の境界的な状況）の概念を示し、なぜスピリチュアルな変化、変容、そしてイニシエーションが最もうまく行われるのが、人生のなんらかの「敷居」にさしかかったときであるのか、ということを明らかにしてくれました。「リミナル・スペース」は以来、わたしのイニシエーション・ワークのキー・コンセプトとなっています。多くの人はリミナル・スペース的な空間への移行を避け、クルーズ・コントロールの中にとどまろうとするので、新しいことが何も起きないのです。

8 May, Gerald, The Dark Night of the Soul (New York: HarperCollins, 2004).

4章　生の悲劇的感情

1 de Unamuno, Miguel, Tragic Sense of Life (Mineola, N.Y.: Dover, 1954). 『生の悲劇的感情 ウナムーノ著作集3』神吉敬三訳　法政大学出版局　1999

2 Rohr, Richard, The Enneagram: A Christian Perspective (New York: Crossroad, 1999).　わたしは40年にわたって、人間の抱く動機や行動を説明しよ

Publishing, 2009). ホメロス『オデュッセイア』松平千秋訳、岩波文庫、1994（※編注：本書中の著者引用部分は訳者の翻訳）

1章　人生の前半と後半

1 Maslow, Abraham H., "A Theory of Human Motivation," Psychological Review, 1943. 本書の内容は後年の多くの著作で発展させられ、再検討されています。

2 Wilber, Ken, One Taste (Boston: Shambhala, 2000), 25–28. ウィルバーは、宗教の機能としての、「過渡的translative」と、真に「変容的transformative」の区別を数冊の著書で発展させてゆきますが、本書はもっとも簡明な一冊とも言えます。宗教は慰めを与えるに先立って、「攪乱」させねばなりません。

2章　ヒーローとヒロインの旅

1 Campbell, Joseph, The Hero with a Thousand Faces (Princeton, N.J.: Princeton University Press, 1973). ジョゼフ・キャンベル『千の顔を持つ英雄』（上下）ハヤカワ・ノンフィクション文庫　倉田真木、斎藤静代、関根光宏訳　早川書房　2015

2 Rohr, Richard, Adam's Return: The Five Promises of Male Initiation (New York: Crossroad, 2004).

3章　人生の前半生

1 Fromm, Eric, The Art of Loving (New York: Harper & Row, 1956), 43f. エーリッヒ・フロム『愛するということ』（新訳版）鈴木章訳、紀伊國屋書店、1991

2 Mander, Jerry, In the Absence of the Sacred (San Francisco: Sierra Club Books, 1991).

3 「スパイラル・ダイナミックス」とは「すべてを説明」しようとする人間の意識の学説。個人や集団、国家、すべての時代が、どのようなレベルで、物事を聞き、まとめ、その経験に基づいて行動するかを理解するうえで、非常に説得的で役に立つ理論です。ピアジェ、マズロー、ファウラー、コールベルグ、クレア・グレイブスの基本的な著作と並んで、ロバート・ケーガン、ドン・ベック、そしてケン・ウィルバーらの「統合理論」は、多くの政治的、社会的、宗教的論説の一部となりま

著者による注釈

聖書の版について。わたしは『エルサレム聖書』(1966)で学び、『新アメリカ聖書』(1970)を用い、聖書の字句に対する新しい解釈を求めて、よく『ザ・メッセージ』も読んでいますが、本書で主に用いているのは、自分で翻訳したものか、上記の本を混ぜたものです。

さらなる旅への招待

1 わたしは本書全体を通じて、この言葉(True Self)に大文字を用い、小さな自己や心理学的なセルフではなく、神の中に在るわれわれという、より大きく根源的な存在をあらわそうと思います。

2 ジョン・ドゥンス・スコトゥスはフランチェスコ派の哲学者であり、トマス・マートンやジェラルド・マンリー・ホプキンズに感銘を与え、また聖なる自由、宇宙的キリスト、贖いの非暴力的神学の精妙な理論――とりわけこの詩にあらわれた「このもの性」の素晴らしい教義――を愛するわたしたちにも大きな影響を与えています。神はカテゴリーや階級、分類上の属、種を創られたのではなく、まったく独自で選びぬかれた「個人」を創造されたのです。すべては唯一の「このもの」です。以下の本を参照のこと。Ingham, Mary Beth, Scotus for Douces (St.Bonaventure University,2003) Hopkins,Gerard Manley,Poems and Prose (New York: Penguin,1984),51.

前書き

1 Rohr,Richard,Adam's Return: The Five Promises of Male Initiation (New York: Crossroad,2004)

2 Armstrong, Karen, A Short History of Myth (Edinburgh: Canongate Books, 2006).

3 Rohr, Richard, The Naked Now: Learning to See as the Mystics See (New York: Crossroad, 2009).

4 The Odyssey, trans. Samuel Butler (Lawrence, Kans.: Digireads.com

リチャード・ロール Richard Rohr

1943年にアメリカ、カンザス州に生まれる。デイトン大学を卒業後、フランチェスコ会に入会。現在はニューメキシコ州アルバカーキ市のフランチェスコ会の神父。1986年に同市に『行動と瞑想のためのセンター』を設立、創設ディレクターとして活躍する。20冊以上の著書があり、世界中で講演を行っている。PBS（アメリカ公共放送サービス）は彼を「世界で最も人気のあるスピリチュアリティの書き手であり話し手である」と評している。

井辻朱美

東京大学理学部を経て人文系大学院比較文学比較文化修了。神話を含む、トールキンから現代作家にいたるファンタジー文学の研究・翻訳を仕事としながら、『エマヌエルの書』『無条件の愛』『幸福学のすすめ』など精神世界の紹介にも携わる。近著に『ファンタジーを読む―「指輪物語」、「ハリー・ポッター」、そしてネオ・ファンタジーへ―』、歌集に『クラウド』、訳書に『パリンプセスト』など多数。白百合女子大学教授。

上方への落下

●

2020年8月9日 初版発行

著者／リチャード・ロール
訳者／井辻朱美

装幀／長澤 均（papier collé）
編集・DTP／太田 穣

発行者／今井博揮
発行所／株式会社ナチュラルスピリット
〒101-0051 東京都千代田区神田神保町3-2　高橋ビル2階
TEL 03-6450-5938 FAX 03-6450-5978
E-mail: info@naturalspirit.co.jp
ホームページ https://www.naturalspirit.co.jp/

印刷所／創栄図書印刷株式会社

ISBN978-4-86451-343-2 C0010